高等职业教育智能网联汽车专业产教融合系列教材

智能网联汽车智能座舱系统装调与测试

组　编	易飒（广州）智能科技有限公司
主　编	吴海东　刘学军
副主编	罗移祥　谭志荣　蔡元兵　何丽珠
参　编	单业奇　江兴洋　廖军强　姜海鹏
	柳　畅　张霞峰　罗秋实　林雅婷

二维码总码

机械工业出版社

本书根据我国智能汽车发展创新的趋势和战略，对智能网联汽车智能座舱所涉及的关键技术，如OTA与远程控制、抬头显示、语音交互、视觉交互、智能座椅等系统进行了介绍和深度分析。

本书主要内容包括智能座舱系统的基本原理、技术特点和应用场景，座舱系统的调试流程、调试方法和调试工具，智能座椅系统的拆装与调试、开发与测试，座舱系统的未来发展趋势和应用前景。全书共分为6个项目、15个学习任务，每个学习任务按照任务描述、学习目标、知识准备、项目实施进行教学推进。

本书可作为职业院校、技工院校及应用型本科智能网联汽车相关专业的教材，也可以供智能汽车从业人员学习参考。

图书在版编目（CIP）数据

智能网联汽车智能座舱系统装调与测试／易飒（广州）智能科技有限公司组编；吴海东，刘学军主编. —北京：机械工业出版社，2024.5

高等职业教育智能网联汽车专业产教融合系列教材

ISBN 978-7-111-75739-9

Ⅰ.①智… Ⅱ.①易… ②吴… ③刘… Ⅲ.①汽车-智能通信网-座舱-高等职业教育-教材 Ⅳ.①U463.83

中国国家版本馆CIP数据核字（2024）第089510号

机械工业出版社（北京市百万庄大街22号 邮政编码100037）
策划编辑：齐福江　　　　　责任编辑：齐福江
责任校对：张勤思　张　薇　封面设计：张　静
责任印制：刘　媛
北京中科印刷有限公司印刷
2024年7月第1版第1次印刷
184mm×260mm・13印张・286千字
标准书号：ISBN 978-7-111-75739-9
定价：59.90元

电话服务　　　　　　　　　网络服务
客服电话：010-88361066　　机　工　官　网：www.cmpbook.com
　　　　　010-88379833　　机　工　官　博：weibo.com/cmp1952
　　　　　010-68326294　　金　书　网：www.golden-book.com
封底无防伪标均为盗版　机工教育服务网：www.cmpedu.com

前　言

近年来，随着智能化和信息化技术的飞速发展，智能网联汽车逐渐成为行业发展的热点和趋势。我国政府也将智能网联汽车作为"制造强国"战略的重点领域之一，积极推动相关技术的研发和应用，加快推动智能网联汽车产业的发展。因此，本书旨在帮助读者了解智能网联汽车技术发展趋势和实践应用，提高相关技术的掌握和应用能力，推动智能网联汽车的健康发展，助力中国汽车产业的跨越式发展。

汽车技术发展一日千里，现正在进入软件和智能时代。未来，随着人工智能、大数据、云计算、物联网等新技术的不断发展和应用，智能网联汽车将不断升级，从单一的车联网连接，向着智能化、自动化、服务化方向发展。未来智能网联汽车将实现更加智能的驾驶辅助和自动驾驶功能、更加丰富的车载娱乐和智能交互体验、更加安全的数据传输和隐私保护机制，以及更加智能的能源管理和环保技术。

智能网联汽车是一个复杂的跨界交叉系统，必然要求该领域从业者也是交叉跨界人才，在这个领域的汽车技术人员至少要了解四个专业方向的知识：汽车专业、电子专业、计算机专业和通信专业，人才知识的广度与深度要求都发生了变化。目前的情况是高校教学滞后于人才需求，智能网联汽车技术人才极度紧缺，企业求贤若渴。

基于党的二十大报告中关于"实施科教兴国战略，强化现代化建设人才支撑"的要求，本书的编写，在详细讲授基础理论知识的同时融入实践操作，结合云平台及软硬件，通过各项任务训练学生不同的技能，如 Ubuntu 系统、ROS、Linux 命令和 Python 编程等，真正体验到项目实施的全流程，帮助学生更好地理解和掌握相关技术，提高实践能力和解决问题的能力，以增强学生的自信心和创造力。即用学科理论知识促进学生活跃思维、敢于创新，尽可能地将新思路在实践中进行创造性的转化，推动科学技术实现创新性发展。

最后，希望本书能够帮助更多人了解智能网联汽车座舱系统的装调和测试技术，为智能网联汽车行业的发展贡献自己的力量。

编　者

目录

前言

项目一　智能座舱认知

学习任务一　智能座舱概述　/ 002

学习任务二　智能座舱的发展和趋势　/ 012

复习题　/ 017

项目二　OTA 与远程控制系统

学习任务一　OTA 系统的调试　/ 022

学习任务二　远程控制系统的调试　/ 034

复习题　/ 041

项目三　抬头显示系统

学习任务一　抬头显示系统的拆装　/ 044

学习任务二　抬头显示系统的调试与测试　/ 056

复习题　/ 066

项目四　语音交互系统

学习任务一　语音交互系统的调试　/ 070

	学习任务二 语音交互系统的功能测试	/ 079
	复习题	/ 087
项目五 **视觉交互系统**	学习任务一 触控交互系统的调试与测试	/ 090
	学习任务二 摄像头的拆装与标定	/ 105
	学习任务三 人脸识别系统的功能测试	/ 125
	学习任务四 手势识别系统的功能测试	/ 140
	学习任务五 DMS 的功能测试	/ 154
	复习题	/ 168
项目六 **智能座椅系统**	学习任务一 智能座椅系统的拆装与调试	/ 174
	学习任务二 智能座椅系统的功能测试	/ 190
	复习题	/ 198
参考文献		/ 200

项目一
智能座舱认知

- 学习任务一 智能座舱概述
- 学习任务二 智能座舱的发展和趋势

学习任务一
智能座舱概述

任务描述

汽车新四化是指电气化、网络化、智能化、共享化。其中智能化是汽车新四化最重要的一环，即整车智能化，而整车智能化除了自动驾驶外，最核心的就是智能座舱。

本任务介绍智能座舱和普通座舱的区别。

学习目标

知识目标

1）能够用自己的语言解释说明智能座舱的定义。
2）能够正确列举出智能座舱的技术模块。
3）能够用自己的语言总结智能座舱产生的原因。
4）能够正确解释说明智能座舱的技术架构。

素养目标

1）培养善于解决问题的实践能力。
2）弘扬科学精神，培养客观、理性、开放和合作的职业素养。
3）激发学生科技报国的家国情怀和使命担当。

知识准备

一、智能座舱的定义

1. 什么是智能座舱

座舱即为车内驾驶和乘坐的空间。而智能座舱是指配备了智能化和网联化的车载产品，从而可以与人、路、车本身进行智能交互的座舱，是人车关系从工具向伙伴演进的重要纽带和关键节点，是为用户提供驾乘或其他功能的全流程体验的车内空间，是基于网络互联体验的车内空间外延，如图1-1-1。

2. 智能汽车与智能座舱的关系

智能汽车由智能驾驶和智能座舱组成。智能驾驶可以缩短出行的时间,有方便、快捷、安全的优点;而智能座舱可以提升出行的体验,增加车辆的舒适度、娱乐性、个性化,并且提高驾驶的安全性。智能座舱的车内空间如图1-1-2所示。

图1-1-1 智能座舱

图1-1-2 智能座舱的车内空间

3. 什么是智能

(1) 智能可通过各种功能来实现　这里所说的智能是人工智能,指由人类制造出来的机器所展现出来的智能,通过计算机来模拟人的思维过程和行为。目前,人工智能技术主要包括计算机视觉、自然语言处理、跨媒体分析推理、自适应学习、群体智能、自主无人系统、智能芯片和脑机接口等关键技术。

(2) 智能座舱产品的评估　智能座舱作为工业产品,需要在功能、性能、安全性、兼容性、互操作性等多方面进行评估,才能确保产品的质量和可用性,并为产业的可持续发展提供保障。评估工作一般包括测试、评价等一系列活动,按照规范化的程序和手段,通过可测量的指标和可量化的评价系统,得到科学的评估结果。几种车型的智能座舱产品性能的比较,见表1-1-1。

表1-1-1 几种车型的智能座舱产品性能的比较

车型	小鹏P7	特斯拉 Model 3	保时捷 Panamera	宝马 M4
语音助手/语音交互	准确率高 连续对话 声源定位 个性定制 全场景对话 支持免唤醒	无唤醒词 准确率高 命令单一	准确率高 命令单一	准确率高
触控系统	3D界面 操作流畅 分辨率高 UI美观 整车控制	3D界面 操作流畅 分辨率高 UI美观 整车控制	操作流畅	操作流畅 分辨率高

注:标红文字表示该项目测试成绩优异。

4. 智能座舱应用场景描述

图1-1-3所示为智能座舱应用场景，智能座舱产品的智能体现在用户使用车辆的每一个环节。

图1-1-3　应用场景步骤图

（1）开门　通过语音、手机网络或蓝牙、近场通信（NFC）、智能手环或手势等方式解锁车门。

（2）进入　车舱内有迎宾踏板和迎宾座椅等智能响应。

（3）坐下　记忆座椅响应，迎宾关怀问候。

（4）启动　人脸识别或语音识别等方式启动。

（5）开车　自适应巡航、车道保持、自动变道、自动紧急制动、自动前照灯和自动刮水器等辅助驾驶功能。

（6）停车　自动寻找车位，自动泊车。

（7）下车　离座监测，下车提示，自动下电。

（8）锁车　无钥匙离开后，车辆自动落锁并进入防盗监测模式。

二、智能座舱概念产生的原因

为什么会产生智能汽车，智能座舱的概念又是如何产生的呢？可以从以下几个角度出发去分析它们产生的原因。

1. 国家角度洞悉

1）出于可持续发展的需求，电子技术可以实现对汽车更精准的控制，从而降低油耗和提升安全性，让出行更加低碳和环保。

2）为提高工业智能化水平，实施强国战略，国家发展规划与相关政策也在大力支持。

2. 市场角度洞悉

（1）主机厂之间竞争越发激烈　传统主机厂之间竞争越发趋于同化，多数品牌均无法在技术上取得绝对优势。而智能座舱有可能使主机厂突破现有的局限性，形成产品差异化来开拓用户增量市场。

（2）互联网科技领域的博弈越发激烈　传统的芯片、操作系统提供商，如苹果、谷歌、微软等，在现有移动终端的市场已经趋于饱和，急需发掘规模庞大的增量市场，继PC、手机和平板电脑之后，汽车将成为下一个合适的智能终端载体。

（3）主机厂寻求提升消费感知　消费者对汽车智能化的需求不断提高，汽车在原有出行工具属性之外，还应赋予更多智能移动空间属性。

3. 消费者角度洞悉

（1）消费者对汽车的定位升级　随着消费者需求层次的不断提升，其对汽车的需求也从单一的出行工具逐步转变为生活中的"第三空间"，如图1-1-4所示。

图1-1-4　移动的生活空间

（2）消费者对电子产品的场景转移　消费者对电子产品越加依赖，未来消费者对手机应用的喜好会迁移到车机娱乐信息系统上，如导航、音乐、视频和社交功能等。

三、智能座舱搭载的现有应用技术

1. 天气预报

汽车仪表或者大屏可以显示实时和未来几天的环境气温参数状况，如图1-1-5所示。

2. 实时路况

实时路况能实时反映区域内交通路况，指引最佳、最快捷的行驶路线，提高道路和车辆的使用效率，如图1-1-6所示。

图1-1-5　仪表天气预报信息

图1-1-6　实时路况信息

3. 触控屏

触控屏可以用手指或者其他物体对安装在液晶显示屏上面的触摸屏进行触摸，所触摸的范围会以坐标的形式通过触摸屏的检测器检测，通过接口（如 RS232 串行）转换传达指令给 CPU，从而可以确定输入信息。如图 1-1-7 所示，触摸屏上面会有各类设备的控制按键，还有语音识别以及手势识别的按键，可以说做到了一屏多功能，甚至可以说一个屏就可以解决所有的需求。

图 1-1-7 大屏触控选择

4. 语音识别

由于在汽车的行驶过程中，驾驶员的手必须放在方向盘上，因此在汽车上拨打电话，需要使用具有语音拨号功能的免提电话通信方式。此外，对汽车卫星导航定位系统（GPS）的操作，对汽车空调、车窗、照明以及音响等设备的操作，同样也可以由语音来方便控制。智能座舱还提供了语音助手唤醒功能，例如你好，语音小助手，语音助手接收到语音之后会给出一个语音反馈"怎么了，主人"，并在屏幕上弹出一个图 1-1-8 所示的功能选择界面，接下来就可以通过一系列的语音来控制汽车内可以控制的设备，而且语音识别也可以用于打开手势识别。打

图 1-1-8 系统语音识别唤醒界面

开手势识别之后就可以不用语音来控制汽车了，可以用特定的手势来控制特定的功能，例如，手势比出一个"8"，而"8"对应的就是一个功能——打开车门，这样用户就会有更好的体验感和驾驶感。

5. 智能香氛

汽车香氛系统是指车载香氛机和汽车香氛精油的组合体。香氛和香水类似，但又不是一种东西，香氛一般用于商务场合，而香水用于个人，但现在香氛也用于家居生活中，走入了日常生活。在智能座舱里打开智能香氛和关闭智能香氛不需要手动打开或者关闭，可以通过语音识别或者手势识别来打开或者关闭智能香氛，并且在香氛打开之后车内传感器会自动检测香氛的浓度，达到一定浓度后会提醒车主关闭智能香氛。

6. 智能座椅

除了传统的通风加热、迎宾、记忆等功能外，智能座椅需要更懂得用户，实时监测驾乘者的生理指标，包括人体温度、心率及呼吸频率，并分析驾乘者的健康状态。当识别到生理指标异常时，智能座椅可以主动提供按摩、降温或加热来帮助驾乘者恢复到健康舒适的状态。采集到的生理特征数据也可以传送到云端对驾乘者进行健康管理，让驾乘者实时了解身体状况。

7. 身份识别与驾驶员监控系统

人脸识别是基于人的脸部特征信息进行身份识别的一种生物识别技术。如图1-1-9所示,用摄像机或摄像头采集含有人脸的图像或视频流,并自动在图像中检测和跟踪人脸,进而对检测到的人脸进行脸部识别,通常也称作人像识别、面部识别。

驾驶员监控系统(DMS)基于驾驶员生理反应特征,对驾驶员进行疲劳监测预警及危险驾驶预警。如图1-1-10所示,摄像头会对驾驶员的头部、嘴部及其他地方进行检测,如果判定为疲劳驾驶会发出警报以及语音提示:"您已经疲劳驾驶,请注意安全"。

图1-1-9 人脸识别

图1-1-10 驾驶员监控系统

8. 抬头显示系统(HUD)

HUD的作用是把时速、导航等重要的行车信息,投影到驾驶员前面的风窗玻璃上,让驾驶员尽量做到不低头、不转头就能看到时速、导航等重要的驾驶信息。

9. 手势识别技术

如图1-1-11所示,汽车手势识别技术是指通过车载摄像头识别特定手势,以此来替代汽车仪表盘上的各种旋钮和按钮,而特定的手势就意味着对应智能汽车的一个动作(如打开车门,打开刮水器,这些都可以称为一个动作)。在智能汽车动作完成后,会给驾驶员一个语音播报,例如,完成了打开车门动作后,会语音播报:"主人,车门已经打开了"。

图1-1-11 手势识别

四、智能座舱的技术架构

1. 智能座舱的组成

智能座舱可以实现多个系统板块的功能控制，提升驾乘体验。智能座舱系统由人机交互系统、信息娱乐系统以及环境控制系统组成。

（1）人机交互系统　包括物理按键、触控、语音识别、图像识别、手势识别、图像显示、HUD 和语音提示等。

（2）信息娱乐系统　包括视频播放、音频播放、网络通信和游戏等。

（3）环境控制系统　包括空调控制、光线控制、声音控制、座椅控制和门窗控制等功能部分，以及外部灯光、刮水器和玻璃加热等。

2. 智能座舱的技术基础

为保证智能座舱各项功能得以实现，智能座舱应具备以下技术基础。

（1）电子电气架构　未来汽车的差异化，将不再停留在传统的车辆硬件方面，而是更多地通过先进的电子技术赋能，汽车电子电气架构发展方向将由分布到集中。

（2）操作系统　目前 QNX、Linux 和 Android 为三大主要底层操作系统（OS），它们在车端智能座舱的应用中各有利弊，主要车载操作系统对比见表 1-1-2。

表 1-1-2　主要车载操作系统对比

操作系统	优势	劣势
QNX	安全性、稳定性极高	需要授权使用，只应用在较高端车型
Linux	免费、灵活性、安全性高	应用生态不完善，技术支持差
Android	开源易于自研	安全性稳定性较差，无法适配仪表盘等对安全要求高的部件

（3）虚拟机监控程序　Hypervisor 是一种运行在基础物理服务器和操作系统之间的中间软件层，如图 1-1-12 所示。该软件层通过将操作系统和硬件剥离的方法，允许多个操作系统和应用软件共享硬件。在智能座舱域控制器中，由于针对不同功能有不同级别的要求，从而需要不同的操作系统来支持。例如，QNX 负责仪表，保证仪表功能；Android 系统提供信息娱乐功能，RTOS 提供实时性功能。而基于 Hypervisor 的系统架构，则能灵活地配置出多个不同的操作系统，运行在一个域控制器上，并能高效地协调域控制器的不同功能，实现通信和协作。

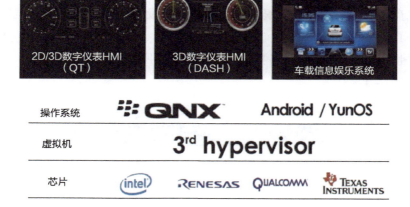

图1-1-12 智能座舱软件方案

（4）基于SOA（面向服务的构架）软件系统　SOA可实现软硬件解耦，让软件定义汽车成为可能。SOA的用途是解决多服务凌乱问题，降低数据服务的复杂程度，堪称汽车界的iOS、安卓操作系统。在智能手机为数不多的传感器、执行器支持下，iOS和安卓两大系统已经能够提供百万级应用。未来，SOA软件平台可以调用汽车上的近千个硬件，提供数量庞大的应用场景，通过与智能手机一样的海量应用软件更新驾乘体验。

（5）从车内到云端的架构　车-云架构如图1-1-13所示。对于智能座舱来说，云平台的重要性不言而喻。不过对应到车联网，云平台的搭建与部署只是其中一部分，归根结底还是为车联网的功能提供服务，能够更快地推出符合用户需求的服务，让系统保持最新状态才是关键。

图1-1-13 车-云架构

（6）通信系统　汽车中的电子部件越来越多，光是ECU就有几十个，然而传统的点对点通信已经不能满足这么多的电子单元的信息交互需求，因此必须采用先进的总线技术。

车用总线是指车载网络中底层的车用设备或车用仪表互联的通信网络。目前，有四种主流的车用总线：CAN 总线、LIN 总线、FlexRay 总线和 MOST 总线。目前随着高级驾驶辅助系统（ADAS）、自动泊车、高级信息娱乐系统等技术的发展，对车载网络带宽的要求越来越高，已经超出了 CAN（500kbit/s）、CAN FD（2Mbit/s）、MOST（150Mbit/s）等传统网络的承载能力，这也促进了新的车载网络技术——车载以太网的快速发展和应用。四种传统的车用总线参数见表 1-1-3。

表 1-1-3 传统的车用总线参数

类别	总线名称	通信速度	应用范围
A 类	LIN	10~125kbit/s（车身）	前照灯、灯光、门锁、电动座椅等
B 类	CAN	125k~1Mbit/s	汽车空调、电子指示、故障检测等
C 类	FlexRay	1~10Mbit/s	发动机控制、ABS、悬架控制、线控转向等
D 类	MOST/1394	>10Mbit/s	汽车导航系统、多媒体娱乐等

（7）V2X　V2X 是指智能汽车通过网络通信技术与车、路、云、网的互联。V2X 的应用场景及演进路线如图 1-1-14 所示。

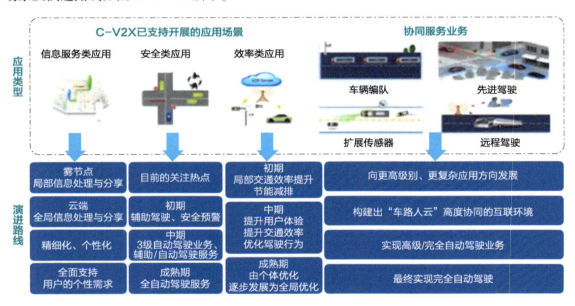

图 1-1-14　V2X 的应用场景及演进路线

（8）导航和定位　目前绝大多数导航和定位是采用组合导航系统实现的，即采用以惯性导航为主，并结合全球卫星定位系统（GPS）或北斗卫星导航定位系统（BDS）的组合导航技术，在自动驾驶领域，还可结合视觉 SLAM（即时定位与地图构建）和激光雷达 SLAM 等来进行融合定位，如图 1-1-15 所示。

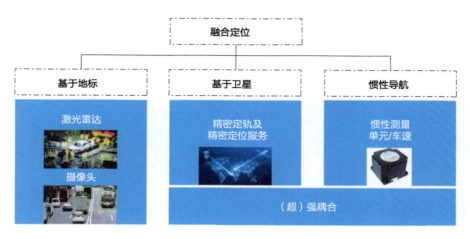

图1-1-15 融合定位技术

（9）OTA　OTA全称Over-The-Air technology，即空中下载技术。OTA升级就好比计算机的Windows系统升级，或者也可以理解为手机系统的升级。每次升级都可以修复漏洞或者获得更多的功能和性能提升，又或者是视觉效果的改善，而且这种更新通过联网后在线检测、匹配版本、下载新的代码到本地，进而执行安装和校验等程序。OTA系统的架构如图1-1-16所示。

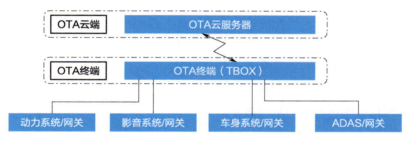

图1-1-16　OTA架构

学习任务二
智能座舱的发展和趋势

任务描述

汽车座舱的发展历程有点像手机的发展历程。手机最开始的核心作用就是打电话,后来慢慢有了短信、微信、微博、抖音等各种各样的 APP 功能,而且越来越离不开这些附属功能。汽车座舱最开始就是一个乘坐的空间,只要能指示对应的行车状况就行,有一个收音机可以听听广播,机械按键控制空调,后来逐渐有了蓝牙、触摸大屏、手机互联等。

本任务介绍智能座舱的发展过程。

学习目标

知识目标

1)能够指出智能座舱的发展历程及里程碑事件。
2)举例说明未来座舱的规划和发展趋势。
3)举例说明智能座舱发展面临的挑战。

素养目标

1)增强学生勇于探索的创新精神。
2)培养学生探索未知、追求真理、勇攀科学高峰的责任感和使命感。

知识准备

一、智能座舱发展的里程碑事件

1. 智能座舱的发展历程

(1)机械时代　早期的汽车座舱非常简陋,采用单一的机械仪表,只有简单的甚至没有音频播放设备,纯物理按键,没有中控显示系统,整个系统集成度低。传统机械仪表的汽车座舱,如图 1-2-1 所示。

（2）电子化时代　随着汽车电子技术的发展，座舱产品进入电子时代，装置仍以机械仪表为主，但少数小尺寸中控液晶显示开始使用，此外也增加了导航系统、影音等功能，为驾驶员提供较多信息，如图1-2-2所示。

图1-2-1　传统机械仪表的汽车座舱

图1-2-2　电子化仪表

（3）数字化时代　多采用全液晶仪表及中控显示系统，HUD开始出现。影音娱乐系统更加完善，增加了联网功能，采用物理按键、触摸屏、语音控制等多种方式。整个系统复杂度、集成度很高，开始出现数字化仪表，如图1-2-3所示。

（4）人机互动的智能时代　个性化和人性化的设计体现在智能座舱的主动交互设计的很多方面。例如，具有智能学习的能力，系统可以适应客户的需求，根据用户习惯来预测下一个任务。而汽车则会通过不断优化，综合处理复杂的信息，为用户提供最精准的解决方案，成为用户越来越贴心的朋友，并针对驾驶员和乘客提供个性化服务，具有更多的应用价值和更广的应用前景。人机互动座舱如图1-2-4所示。

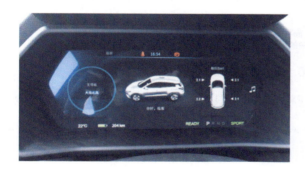

图1-2-3　数字化仪表

图1-2-4　人机互动座舱

2. 智能座舱发展的里程碑事件

从20世纪90年代到现在智能座舱的发展历程如图1-2-5所示。

二、未来座舱的规划

毫无疑问未来座舱的规划要考虑三个方面：产品、需求和技术，而最重要的是产品、需求和技术三者合一，如图1-2-6所示。

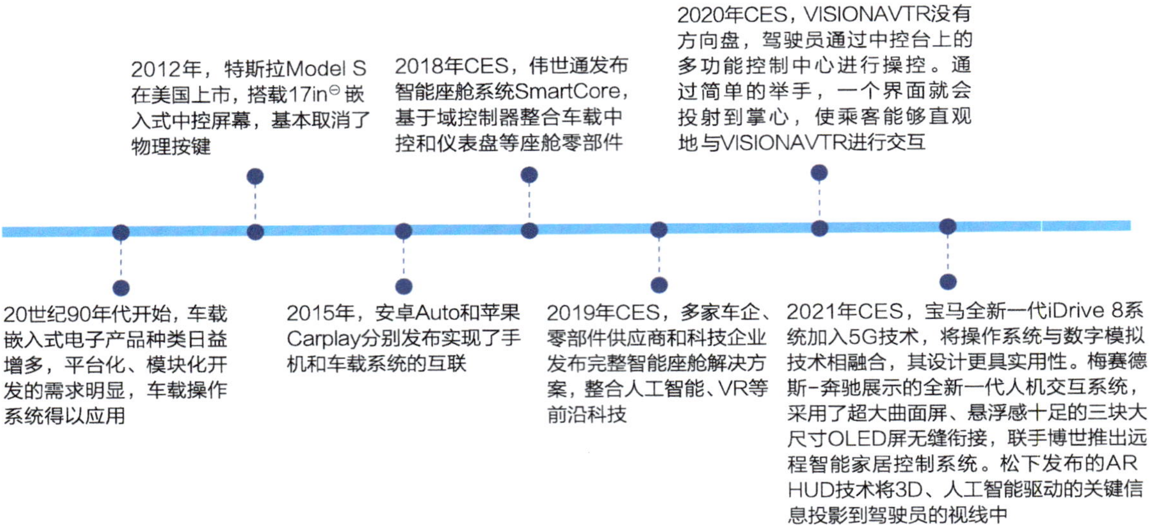

2012年，特斯拉Model S在美国上市，搭载17in⊖嵌入式中控屏幕，基本取消了物理按键
2018年CES，伟世通发布智能座舱系统SmartCore，基于域控制器整合车载中控和仪表盘等座舱零部件
2020年CES，VISIONAVTR没有方向盘，驾驶员通过中控台上的多功能控制中心进行操控。通过简单的举手，一个界面就会投射到掌心，使乘客能够直观地与VISIONAVTR进行交互
20世纪90年代开始，车载嵌入式电子产品种类日益增多，平台化、模块化开发的需求明显，车载操作系统得以应用
2015年，安卓Auto和苹果Carplay分别发布实现了手机和车载系统的互联
2019年CES，多家车企、零部件供应商和科技企业发布完整智能座舱解决方案，整合人工智能、VR等前沿科技
2021年CES，宝马全新一代iDrive 8系统加入5G技术，将操作系统与数字模拟技术相融合，其设计更具实用性。梅赛德斯-奔驰展示的全新一代人机交互系统，采用了超大曲面屏、悬浮感十足的三块大尺寸OLED屏无缝衔接，联手博世推出远程智能家居控制系统。松下发布的AR HUD技术将3D、人工智能驱动的关键信息投影到驾驶员的视线中

图1-2-5　智能座舱发展历程图

产品
愿景与使命
技术
供给与储备
需求
用户的期望
F
C
B
A
G
E
D
需加强技术储备或增加市场培育
需重新审视或宣传的技术
急需补齐的技术短板
最优局面：市场/技术/品牌三者合一
差异化机会点：用户想要却没有
未被唤起的需求：待培育型或低附加值技术
需被品牌升级时接纳：能达成的用户需求

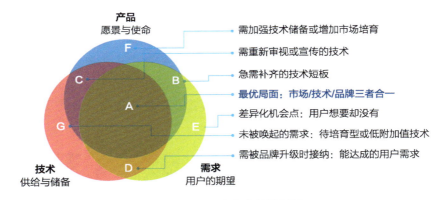

图1-2-6　未来座舱规划图

有了规划之后，需要做的就是构思如何将其实现，具体步骤如图1-2-7所示。

需求
功能和性能
电子与生态系统架构
形成系统/零件功能规范
（产品结构布置、硬件性能要求、软件操作系统和架构等）
形成
解析
定义
解析
搭建
解析
开发

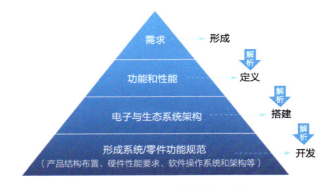

图1-2-7　未来座舱构思图

⊖ 1in=25.4mm。

三、未来座舱的发展趋势

1. 如何定义智能座舱的未来

核心观点:

1) 按键减少、屏幕变大、交互方式增多并非意味着智能座舱变得更智能、用户使用更便捷。
2) 智能座舱正处于情感连接时代(3.0时代)。
3) 智能座舱的人机交互系统应像一阵悄无声息的春风,润物细无声地满足用户的每个需求。

智能座舱设计的方向不在于取舍大屏和按键,而在于减少用户的繁琐交互,降低对屏幕以及按键的依赖。例如,很多驾驶员在驶进隧道前,会将空调切换到内循环,以此隔绝隧道内空气对身体造成的伤害。因此,如何让车机判断车辆是否进入了隧道,并自动将空调切换到内循环,是未来智能座舱发展的方向之一。

情感连接时代(3.0时代)的特性就是注重直觉化交互。凭借人工智能系统,车机在很大程度上能够了解用户的想法,因此用户无需把所有问题或操作一步步地告诉车机。

电动化、智能化、网联化、共享化是汽车行业未来发展趋势,这已经成为行业共识。这些趋势将带来人的生活与出行的极大变革,也会导致汽车座舱形态、座舱功能和交互方式的变化,因而汽车智能座舱的设计、打造差异化,成为吸引用户非常重要的方面。

智能座舱目前还处于初级阶段,但是语音、手势交互在智能座舱中已经相对比较成熟。未来汽车智能座舱的发展方向是人车交互智能化,而且可以拓展到与人、路、车本身进行智能交互。

智能座舱将采集的数据上传到云端进行处理和计算,从而对资源进行最有效的适配,增加座舱内的安全性、娱乐性和实用性。

在5G和车联网高度普及的前提下,汽车座舱将摆脱"驾驶"这一单一场景,智能座舱的未来形态是逐渐进化成集"家居、娱乐、工作、社交"为一体的"智能移动空间"。智能座舱与人、路、车的交互形态如图1-2-8所示。

图1-2-8 智能座舱与人、路、车的交互形态

2. 智能座舱功能的发展趋势

（1）强化现有功能　对驾驶辅助类信息需求会很高，主动贴合用户驾驶习惯，影像也需要更加清晰；导航实时联网将成为标配，自动更新。除此之外，定制化的导航代表了未来趋势。

（2）整车数字化、在线化服务功能的延展　随着5G的应用，将实现诸如汽车O2O服务/在线交易、智能家居及多设备互联同步、车载在线支付、P2P共享、结合兴趣点的定制化地图、更加丰富的信息服务及娱乐方式等，使用车更加方便、高效。

四、智能座舱输入（控制）趋势

1. 语音交互

未来座舱实体按键会被大幅度简化，语音交互将被广泛应用。语音交互重要性体现在对安全、便捷性甚至是对情感性的提升。未来，语音交互是车上最重要的入口，语音可以控制除与车辆操作相关的所有功能外，还可以根据声纹识别情绪或者用户身份，从而提供一些个性化服务。但语音交互目前还存在很多问题，主要是受限于人工智能的水平，对语义和上下文语境的理解仍存在困难。一些互联网企业有大量的用户数据，在语音交互上会更有前景。

2. 视觉交互

手势、面部识别也将逐渐被尝试并延伸到更多的场景应用。面部识别可以识别用户情绪、疲劳程度、车内乘客数量，从而可以针对驾驶员和乘客提供个性化服务。

3. 触觉交互

未来座舱在触觉交互技术上将实现更加科学、精准、灵敏和个性的体验。

五、智能座舱输出（显示）趋势

1. 大屏化，多屏化

中控屏几乎成为标配，未来座舱内屏幕主要呈现大屏化、多屏化。如今屏幕尺寸变得越来越大，由之前的7in、8in屏幕到现在的10~15in。荣威MARVEL X屏幕达到了19.4in，拜腾也发布了更大的屏，达到了49in。大尺寸屏幕代表了未来趋势，从科技感以及对用户的吸引方面来看，确实起到了很大的作用。但过大尺寸的屏幕现阶段还存在较多的限制和难点，例如，对视线的遮挡、屏幕发热、屏幕可靠性，发生碰撞后的安全问题等。除了大尺寸中控屏，液晶仪表、抬头显示、电子后视镜也开始普及，现在许多新车甚至在方向盘、车窗、车前、车后都加入了屏幕。屏幕数量的增多导致多个屏幕同时以不同方式呈现相同的信息，因而减少信息冗余，在最合适的位置、最合适的时间显示最合适的信息就成了非常重要的方面。

2. 便捷化

显示清晰度、流畅度的提升，显示更多的信息，信息的有效组合、层级的设计成为未来智能座舱输出的发展方向和创新点。例如，目前一些新车已经没有仪表屏和按钮，很多功能都集中于中控屏（触摸屏）上，可以直接通过语音或者触摸的方式进行控制，这样就会更加便捷。

六、智能座舱发展面临的挑战

智能座舱作为智能网联汽车发展的核心，面临三大挑战。

1. 芯片挑战

智能网联汽车的蓬勃发展使车辆对芯片的要求越来越高，而现实是，国内车规级芯片产量较少，我国车企进口欧、美、日芯片已经超过90%，美国在芯片设计工具、核心工艺设备方面具有绝对领先优势。

2. 操作系统挑战

操作系统是智能汽车的底层根基，具有重要地位。目前，市场上车规级操作系统被国外少数几家公司垄断，如 QNX、VxWorks、Android 等。目前虽然有华为的 HarmonyOS 和斑马智行的 AliOS 等国产车载操作系统面世，但未来车规级国产操作系统量产落地仍然任重道远。

3. 信息安全的挑战

随着车辆连通性功能的极大扩展，导航定位、自动泊车、远程控制和诊断功能已逐渐成为汽车的基本配置。这些功能带给用户极大便利的同时，也带来了更多安全隐患，包括云端层安全隐患、网络传输层安全隐患、车载通信层安全隐患、外部接口安全隐患。除此之外，电动汽车的充电枪与充电桩之间通信接口也存在安全隐患，一旦遭到攻击，电动汽车的能源系统会遭到破坏，可能会带来生命危险。

复习题

一、判断题

1. ADAS 一般指高级驾驶辅助系统。　　　　　　　　　　　　　　　　（　　）
2. 智能座舱的发展历程依次是机械时代，数字化时代，电子化时代，人机互动完全智能时代。　　　　　　　　　　　　　　　　　　　　　　　　　　　　（　　）
3. 目前市面上的汽车智能座舱搭载技术，已经实现了人机多维度的交互方式。（　　）
4. 实时路况能实时反映区域内交通路况，指引最佳、最快捷的行驶路线，提高道路和车辆的使用效率。　　　　　　　　　　　　　　　　　　　　　　　　（　　）
5. V2X 是指智能汽车通过网络通信技术与车、路、云、网的互联。　　　（　　）
6. 智能座舱已经处于高级阶段，并且语音、手势交互在智能座舱中已经相对比较成熟。
　　　　　　　　　　　　　　　　　　　　　　　　　　　　　　　（　　）
7. 自动驾驶其实就是为了缩短出行时间，并且更加方便、快捷、安全。　（　　）

8. 智能汽车会考虑更多的安全保障措施，一般配置辅助驾驶系统、自动紧急制动系统、车道偏离预警系统、倒车警示系统、盲区检测系统和驾驶员监控系统等。（   ）
9. 智能座舱是为用户提供驾乘或其他功能的全流程体验的车内空间，是基于网络互联体验的车内空间外延。（   ）
10. 智能汽车包括智能驾驶和智能座舱两大块。（   ）
11. 智能座舱可以实现多个系统板块的功能控制，提升驾乘体验，例如，可以实现人机交互系统、信息娱乐系统、环境控制系统等多个系统板块的功能控制。（   ）
12. 汽车手势识别技术是指通过车载摄像头识别特定手势，以此来替代汽车仪表盘上的各种旋钮和按钮。（   ）

二、不定项选择题

1. 智能座舱的发展历程包括（   ）。
   A. 机械时代　　B. 数字化时代　　C. 电子化时代　　D. 人机互动完全智能时代
2. 下列技术中哪些是目前市面上汽车智能座舱已经搭载的人机交互技术。（   ）
   A. 语音交互　　B. 视觉交互　　C. 触觉交互　　D. 手势交互
3. 假设小明在智能座舱上使用语音询问今天的天气如何，可能涉及哪些层参与了这项功能的实现？（   ）
   A. 生态层　　B. 物理层　　C. 系统层　　D. 应用层
4. 下列哪些选项是目前主要的车载操作系统？（   ）
   A. Linux　　B. QNX　　C. Windows　　D. Android
5. 下列哪些选项不是智能汽车的组成部分。（   ）
   A. 车联网　　B. 自动驾驶　　C. 人脸识别　　D. 智能座舱
6. 智能座舱包含以下哪些部分。（   ）
   A. 车联网　　B. 智能汽车　　C. 车内驾驶　　D. 乘坐空间
7. 智能座舱的产生从市场角度洞悉不包括以下哪些部分。（   ）
   A. 主机厂之间竞争越发激烈
   B. 互联网科技领域的博弈越发激烈
   C. 为提高工业智能化水平，实施强国战略，国家发展规划与相关政策也在大力支持
   D. 消费者对智能座舱类体验的支付意愿有所提高
8. 以下哪些是智能座舱的优势。（   ）
   A. 舒适度　　B. 娱乐性　　C. 安全性　　D. 使用成本

三、简答题

1. 简述智能座舱的发展历程。
   答：

2. 未来智能座舱的设计规划应考虑到哪几个方面？
　　答：

3. 车载通信系统的组成有哪些？
　　答：

4. 请简述智能座舱的发展趋势。
　　答：

 智能网联汽车智能座舱系统装调与测试

项目二
OTA 与远程控制系统

- 学习任务一　OTA 系统的调试
- 学习任务二　远程控制系统的调试

学习任务一
OTA 系统的调试

任务描述

随着高级辅助驾驶的发展和自动驾驶的引入,汽车变得越来越智能。这些智能汽车装有大量的软件程序,当一个软件程序出现问题或者更新时,如果按照传统的解决方式,那么所有装有该软件的车辆将先被召回,然后更新软件。这样,一方面影响了用户体验和满意度,

另一方面又要耗费大量的人力物力来修复问题。为了解决传统方式的痛点,使得软件更新更迅速,一种远程升级软件的技术 OTA 被引入汽车行业。

本任务主要讲述 OTA 技术的基本原理、实现方法,以及在智能实训车上进行 OTA 系统调试的过程。

学习目标

知识目标

1)能够用自己的语言解释说明 OTA 技术的定义和分类。
2)能够正确列举出 OTA 系统的技术架构。
3)能够掌握在实训车上实现 OTA 系统的调试步骤及方法。

技能目标

1)通过学习能够讲述 OTA 系统功能和分类。
2)能够掌握 OTA 系统升级与调试。

素养目标

1)严格执行企业装配标准流程。
2)严格执行企业 6S 管理制度。
3)培养学生精益求精的工匠精神。

知识准备

一、OTA 系统的概述

1. OTA 的定义

OTA 是英文全称 Over-the-Air Technology 的缩写，即汽车空中下载技术，是指通过移动通信网络（3G/4G/5G 或 WiFi）对汽车零部件终端上的固件、数据及应用软件进行远程管理的技术。其实 OTA 对人们来说并不陌生，现在使用的智能手机就是最常见支持 OTA 的智能设备。在汽车领域，随着近几年新能源汽车的快速兴起，也逐步开始使用 OTA 技术，让消费者感受到更加智能便捷的用车体验。

2. OTA 系统在汽车上的应用示例

对于汽车而言，OTA 最早出现在特斯拉 2012 年推出的 Model S 车型上。其更新范围涉及自动驾驶、人机交互、动力、电池系统等领域，通过 OTA 方式特斯拉完成了钥匙卡漏洞修复、续驶里程提升、最高速度提高、乘坐舒适度提升等功能或者其他漏洞的修复。

2016 年 11 月，丰田宣布将采用 OTA 技术更新车辆 ECU 软件，并讨论了上市车辆通过 OTA 新增功能的可能性。

国内以小鹏、蔚来为代表的新造车势力也将整车 OTA 作为自身产品智能化的体现，传统造车企业也逐步在新车型上提供了 OTA 功能。

二、OTA 系统的架构

OTA 整体架构如图 2-1-1 所示，包含 OTA 云端、OTA 终端、OTA 对象三部分。OTA 云端为 OEM 专属的云端服务器平台。OTA 终端采用 T-box。OTA 对象由所有车载控制器组成，主要包括动力系统域控制器、车身系统域控制器、影音系统域控制器、ADAS 主动安全域控制器。

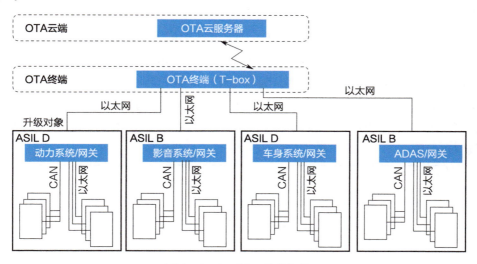

图 2-1-1 OTA 整体架构

1. OTA 云端

OTA 云端也称为 OTA 云服务平台，包含 OEM 支持 OTA 升级的 ECU 全部的完整升级包。OTA 云端的设计要求是，独立的平台，支持多车型、多型号规格、多种类型 ECU 软件的升级。OTA 云端的框架结构主要包括五部分：OTA 管理平台、OTA 升级服务、任务调度、文件服务、任务管理，如图 2-1-2 所示。

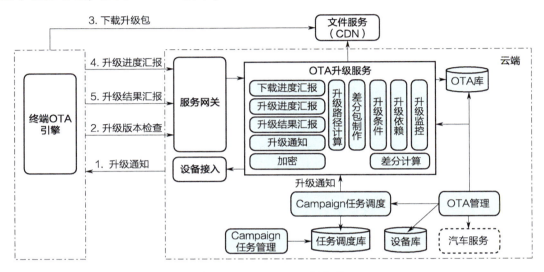

图 2-1-2　OTA 云端架构

2. OTA 终端

OTA 终端主要包含 OTA 引擎和 OTA 适配器。其中 OTA 引擎是一个连接 OTA 终端与 OTA 云端的桥梁，实现云端同终端的安全通信，包括升级包下载、升级包解密、差分包重构等功能。OTA 适配器是为兼容不同的软件或设备的不同更新逻辑或流程，根据统一的接口要求而封装的不同实现。OTA 适配器由需要 OTA 升级的各个 ECU 软件提供。

3. OTA 对象

汽车 OTA 对象主要包括操作系统、应用 APP 和车内嵌入式设备 ECU 的控制软件。

操作系统升级采用双系统升级策略，如图 2-1-3 所示，即存放系统程序的区域分为两部分，一部分为当前运行程序，另一部分为备份程序。除了第一次安装的时候没有备份之外，之后的安装都有两个系统程序共存。当前运行的是最新版本程序，备份区域为上一版本程序。当当前程序发生错误的时候，系统自动回滚到上一版本，不会导致系统死机的情况发生，为系统提供双重保险。

步骤	分区 1	分区 2
第一次安装	软件版本 V1.0	无
第一次升级	软件版本 V1.0（备份）	软件版本 V1.1
第二次升级	软件版本 V1.2	软件版本 V1.1（备份）

图 2-1-3　操作系统升级策略

APP 应用软件升级与操作系统升级类似，但不需要支持双区系统。如果升级完成并运行验证成功，则会被新版本覆盖；如果验证失败，则回滚到旧版本。其中 APP 升级适配器需要具有版本故障诊断能力，即对每个文件 hash 表进行 hash 验证等，以便判断文件是否被损坏。

车内 ECU 控制软件的升级通过 ECU 代理来实现。依赖 ECU 自身提供的升级协议（包括以太网、CAN 等），通过 OTA 终端的 ECU 升级适配器适配不同的设备需求，并完成升级。这些车内 ECU 自身需要对外暴露升级的指令规范，并具有保证可靠升级，以及判断和汇报升级结果的机制。通常，嵌入式设备升级频率相对较小，软件占用空间较小，一般采用"通知静默全量升级"模式。

对于车企来说，OTA 不仅关乎技术，而且还会影响汽车的研发流程、质量管控体系等，如图 2-1-4 所示。另外 OTA 是互联网思维渗透到车企的体现。

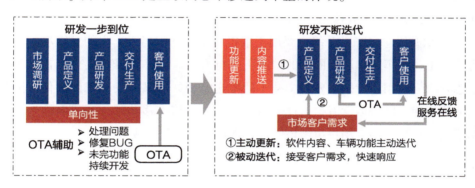

图 2-1-4 OTA 影响汽车的研发流程

三、OTA 系统的下载方式

OTA 可采用短信方式、基于浏览器方式和 PUSH 方式三种方式下载。

1. 短信方式

用户单击移动终端上的"菜单管理"选项发送短消息，向 OTA 服务器请求下载服务；OTA 服务器通过短信方式将下载数据发送给用户的移动终端设备，SIM 卡自动完成数据更改。

此方式的优点是操作较为简便、对网络资源要求低、执行速度快。修改数据打包后一次性下载到 SIM 卡中，不需要移动终端与网络频繁进行交互，这样既降低了网络负荷，也不必对现网进行改造，业务流程简捷易行。

缺点是难以承担大量应用数据传输。

2. 基于浏览器方式

用户登录 OTA 服务器，查找应用菜单，根据需要从网络后台服务器中下载相应的数据。优点是用户根据需要，主动选择所需业务数据，符合未来发展趋势，可采用通用分组无线服务（GPRS）传输方式，传输速率高。

缺点是在移动终端设备需要与 OTA 服务器交互较多的应用数据时，对网络资源要求高。

3. PUSH 方式

网络运营者根据业务需要,通过短信或移动邮件方式向终端用户发送新业务数据下载的链接通知,用户单击该链接实现远程自动数据或程序更新。

此方式的优点是操作简便、业务流程简单。与基于浏览器方式相比,更节省网络资源,不需要移动终端与网络频繁进行交互,传输方式可采用 GPRS 方式,传输速率高。

缺点是网络需要根据不同用户有针对性地发送业务数据,对网络资源要求高。

4. 汽车 OTA 系统的下载方式

OTA 下载方式一般分为静默升级和非静默升级。

(1) 静默升级 静默升级主要用于销售前处于库存状态的车辆升级。OTA 云平台通过发送远程唤醒命令,通过 T-box 唤醒车辆上电,连接到平台完成升级任务。

(2) 非静默升级 非静默升级主要用于销售后车辆已归属于车主的升级场景,软件升级变更需告知车主,在车主知情和同意的情况下进行升级。非静默升级又分为普通升级和紧急升级。紧急升级一般用于特别重要安全补丁的推送升级,如某些发动机的软件故障等,车主知情但是无法拒绝。网络运营者根据业务需要,通过短信或移动邮件方式向终端用户发送新业务数据下载的链接通知,用户单击该链接实现远程自动数据或程序更新。

四、OTA 的设计要求

OTA 的设计要求主要从安全、时间、版本管控、异常处理方面考虑,具体如下。

1)安全是 OTA 优先考虑的内容。保证车辆信息安全对当前 OTA 来说是一项挑战,必须从硬件、软件、云端三个方面,尤其是三者之间的传输应用软件来解决。

2)软件升级时间最短,就是确保车辆无法行驶的时间最短。车载 ECU 通常通过 CAN 或以太网(Ethernet)刷写,在带宽允许的情况下,应尽可能采取并行刷写模式,选取刷写时间最长的节点优先处理的设计原则。

3)版本管控对于 OTA 来说很重要。因为车辆上 ECU 众多,不同 ECU 有不同版本的软件,另外生产商的车型众多,不同车型 ECU 的需求又不同,版本也存在差异。

4)异常处理方案。在 OTA 传输过程中,由于外界干扰或者其他因素导致刷写异常或者中断时,车载 ECU 必须支持软件回滚、断点续传、丢失重传等处理机制。

五、OTA 技术的价值

1)OTA 远程为用户修复软件故障,可大幅度缩短中间步骤的时间,使软件快速到达用户,减少汽车制造商和用户的成本,包括汽车制造商的召回成本,用户的时间成本。

2)OTA 可以为车辆增加新功能,增加用户的新鲜感。

3)OTA 拓宽了"服务"和"运营"的范畴,增加了车辆的附加价值。

六、OTA 的类型

（1）固件在线升级（Firmware Over-The-Air，FOTA） 是指在不改变车辆原有配件的前提下，通过写入新的固件程序，使拥有联网功能的设备进行升级，包括车辆的发动机、电机、变速器、底盘等控制系统。

（2）软件在线升级（Software-Over-the-Air，SOTA） 是指在操作系统的基础上对应用程序进行升级，主要是那些离用户更近的应用程序。例如，车载地图的更新、人机交互界面的更新、娱乐系统操作界面或主题的更新。

项目实施

一、工具设备准备

在本任务中使用到的设备包括智能网联教学车、智能座舱测试装调台架，如图 2-1-5 所示。使用到的工具包括触控笔、工作手套、安全帽和绝缘垫等，如图 2-1-6 所示。

在本任务中，教学车是 OTA 系统的载体，测试装调台架的作用是调试 OTA 系统。

a）教学车

b）智能座舱测试装调台架

图 2-1-5 设备介绍

a）触控笔

b）工作手套

c）安全帽

d）绝缘垫

图 2-1-6 工具及防护用品介绍

二、作业前的检查

1. 安全与防护

1）规范着装入场（着装整洁、不戴首饰、挽起长发等）。

2）放置安全警示牌，正确设置安全围挡。

3）检查并穿戴工作手套和安全帽，如图2-1-7所示。

2. 工具的检查

1）检查触控笔外观结构是否完整，表面是否有破损、变形、裂痕、生锈等问题。

2）检查触控笔使用功能是否正常。

3. 台架的检查

1）检查台架万向轮是否已锁止，确保万向轮处于锁止状态。

2）检查台架上的设备（鼠标和键盘）是否齐全。

图2-1-7 安全与防护要求

4. 车辆的检查

1）绕车一周，检查两个阻车器是否放置在后轮的前后位置。

2）给座椅、地板、方向盘、变速杆套上保护套。

3）踩住制动踏板，车辆READY上电，仪表READY灯点亮，且档位处于P位。

4）检查驻车制动指示灯是否已点亮，确保驻车制动处于制动状态。

5）检查车辆电量是否充足，确保电量充足。

6）关闭车辆。

三、OTA系统的调试

1. 启动车辆

车辆READY上电，仪表READY灯点亮，且档位处于P位，如图2-1-8所示。

图2-1-8 启动车辆

2. 启动台架和计算机

接通电源，按下台架上的电源开关给台架上电，然后按下计算机的电源开关启动计算机，如图2-1-9所示。

项目二　OTA 与远程控制系统

图 2-1-9　启动台架和计算机

3. 上传固件升级数据包

1）在台架计算机上打开浏览器，在地址栏输入 http://update.eisa.xyz/login，进入云平台登录页面。

2）输入账号 0535_test 和密码 123456，登录云平台后台端，如图 2-1-10 所示。

图 2-1-10　云平台后台端登录界面

3）在"全部应用"节点，核对云平台后端显示的车辆识别码（VIN）和车辆实际的 VIN 是否一致。

4）单击"版本管理"进入上传界面，单击"新增应用版本管理"，如图 2-1-11 所示。

图 2-1-11　版本管理界面

029

5)"应用"选择"E300","版本号"输入"2.0","描述"输入"远程控制",单击"选择文件",如图2-1-12所示。

图2-1-12 新增应用管理

6)在计算机桌面"E300/task1"文件夹内,选择 iv.tar.gz 文档,并单击"添加"。

7)上传完成后,系统会出现新的应用版本,如图2-1-13所示。

图2-1-13 系统出现新的应用版本

8)安全退出云平台后台端并关闭浏览器。

4. 车辆的上网测试

1)在中控屏上单击左下角的"小车"图标 ，如图2-1-14所示。

2)单击"系统设置"。

3)单击"激活 SIM 卡"。

4)输入"10086"号码和 SIMJH 信息,单击"发送"。如果信息输入错误,会导致激活失败,需要返回上一步重新操作。如果信息输入无误,会显示"激活成功",如图2-1-15所示。

5)单击"校对流量",查看总流量和剩余流量,如图2-1-16所示。

6)完成激活,中控屏左上角会显示网络图标 ，表示成功连接上网络,如图2-1-17所示。

图 2-1-14 单击小车图标

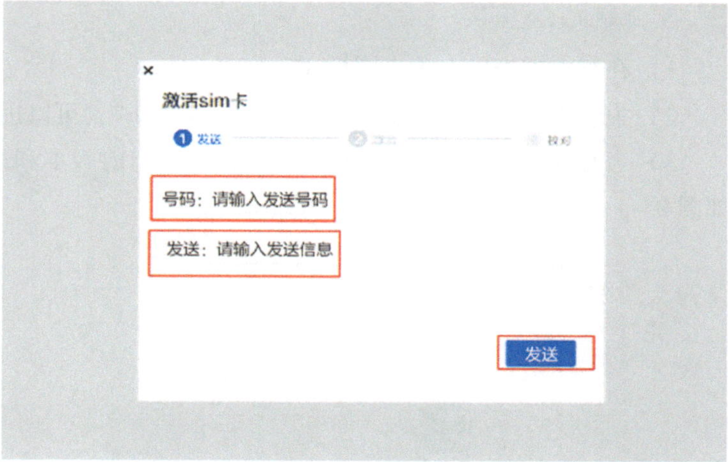

图 2-1-15 激活 SIM 卡界面

图 2-1-16 校对流量界面

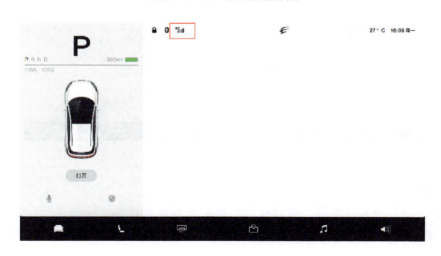

图 2-1-17 成功连接上网络

5. 车辆 OTA 升级

1) 在车辆中控屏上单击图标 ![icon]。

2) 查看当前车辆系统版本，单击"检查更新"，可以进行更新检查。

3) 当有新版本时，会弹出更新窗口，显示当前版本和升级版本，及新版本的版本说明，如图 2-1-18 所示。

图 2-1-18 更新窗口

4) 单击"更新固件"进行更新。单击后会下载固件，同时显示下载进度，下载完成后会关闭程序，如图 2-1-19 所示。

图 2-1-19 下载固件

5) 下载完成后，显示正在更新中，如图 2-1-20 所示。

6) 更新完成后查看版本号，可以看到已经更新到最新版本。此时可进行更新检查，会显示最新版本。

图 2-1-20 显示正在更新

四、整理清洁

1. 关闭台架

1）关闭智能座舱测试装调台架上的计算机。

2）关闭智能座舱测试装调台架电源开关并拔出电源线，如图2-1-21所示。

a）关闭台架电源　　　　　　　　b）拔出台架电源线

图2-1-21　关闭台架

2. 关闭车辆

关闭车辆，拔出车辆钥匙并放置在工作台上，如图2-1-22所示。

3. 现场6S

1）清洁整理工具。

2）清洁整理线束。

3）清洁整理工作台。

4）回收座椅、地板、转向盘、变速杆的保护套。

5）清洁整理车辆和台架。

4. 回收安全与防护装备

1）脱下并整理安全帽和工作手套。

2）回收安全警示牌，如图2-1-23所示。

3）离场并恢复围挡。

图2-1-22　关闭车辆　　　　图2-1-23　回收安全警示牌

学习任务二
远程控制系统的调试

任务描述

在科幻电影中,我们经常看到黑客操纵汽车,导致车辆失控,那么在现实生活中,可以远程控制汽车吗?

本任务学习车辆远程控制的基本知识以及车辆远程控制的实现过程。

远程控制系统的调试

学习目标

知识目标

1)能够用自己的语言解释说明车辆远程控制原理。
2)能够正确列举出车辆远程控制实现的功能。
3)能够掌握远程控制系统的调试步骤及方法。

技能目标

1)能够用自己的语言讲述远程控制系统的功能及在智能汽车上的应用。
2)能够掌握汽车远程控制系统的调试和测试。

素养目标

1)严格执行企业 6S 管理制度。
2)结合职业渗透正确的就业价值观,培养学生爱岗敬业的责任感。

知识准备

一、车辆远程控制的技术原理

车辆远程控制技术是指利用移动通信技术、GPS 和 CAN 总线技术,对远处的车辆进行定位、管理和维护,车主不需要在驾驶舱内就能实现与车辆的互动,可以远程查看自己汽车的状态,并能实现对车辆的远程控制。

车辆远程控制系统主要分为两个组成部分，分别是车载控制终端和远程服务器端。其中车载控制终端包括 T-box、网关单元、车载 CAN 总线等模块，如图 2-2-1 所示。

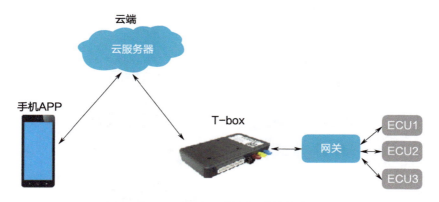

图 2-2-1　车辆远程控制系统的技术原理

远程控制的实现基于车联网平台。用户可以通过手机 APP 下发远程控制指令，身份验证成功后，车联网后台发送指令给车辆的 T-box（智能车载终端），如果此时 T-box 处于休眠状态，车联网后台会下发短信，唤醒 T-box，进行后续操作；如果 T-box 处于工作状态，则无需唤醒，直接接收远程控制的指令，并将信号传递给车辆的执行机构——各 ECU 模块。ECU 执行后，会将执行结果反馈给 T-box，再通过车联网后台发送给手机 APP，形成闭环，实现整个远程控制交互流程。

二、远程控制系统在车辆上的应用

1. 远程控制系统的功能

通常远程控车包含以下功能。

1）远程打开发动机/空调。这在比较冷或者比较热的天气非常有用。通常空调需要与发动机一起启动。

2）远程解锁/上锁车门。

3）远程寻车，包括远程闪灯和鸣笛，方便用户找到车辆。

4）远程查看车辆位置。

以上仅为基础功能，随着科技的发展，车厂将开发出越来越多新颖的功能。车辆远程控制系统的功能如图 2-2-2 所示。

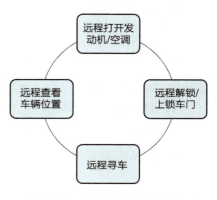

图 2-2-2　车辆远程控制系统的功能

2. 远程驾驶车辆

远程驾驶车辆是远程实时控制的典型应用，一般基于车联网技术。所谓车联网技术，是指汽车与通信设备的结合，即汽车工业与通信产业的结合。

远程遥控车辆是指驾驶员在异地远程驾驶车辆，其结合了自动驾驶中的信息采集以及高清回传、虚拟现实、模拟操控等技术，是远程驾驶技术的一个重要应用方向，实时性要求高，需要高可靠、低时延的通信方式，如图2-2-3所示。

图2-2-3　5G远程驾驶车辆

利用遥控驾驶可以引入多人驾驶，利用判决的方式，与车辆本地的控制系统共同作用，可以大幅提升行车的安全性。

三、远程控制的特点

1. 远程控制的优点

1）极大提高了用户使用汽车的舒适性和便利性。
2）远程驾驶车辆（如矿山、排爆、太空车等）进行一些危险的工作。
3）一人操控多车降低用人成本。
4）远程驾驶被看作是自动驾驶之前的过渡。

2. 远程控制的局限性

1）操作上的准确性。如果误触可能造成极大的安全隐患。
2）网络数据的稳定性。远程控车通过网络传送命令，手机和汽车必须同时有网络。
3）时效性。在锁车后，远程控车只能在有效时间内才会工作。
4）远程控车反应太慢，部分品牌甚至要等1min左右，这与T-box/中的硬件/软件方案有关。
5）隐私性和安全性。汽车的远程控制面临黑客攻击、数据安全等问题。

项目实施

一、远程控制系统的调试流程

远程控制系统的调试流程如图2-2-4所示。

图2-2-4 远程控制系统的调试流程

二、工具设备介绍

设备包括智能网联教学车、平板电脑,如图2-2-5所示;工具包括触控笔、安全帽、绝缘垫和工作手套等,如图2-2-6所示。

在本任务中,教学车是远程控制系统的载体;平板电脑的作用是用来调试远程控制系统。

a) 教学车　　　　　　　b) 平板电脑

图2-2-5 设备介绍

a) 触控笔　　b) 工作手套　　c) 安全帽　　d) 绝缘垫

图2-2-6 工具及防护用品介绍

三、作业前的检查

1. 安全与防护

1)规范着装入场(着装整洁、不戴首饰、挽起长发等)。

2)放置安全警示牌,正确设置安全围挡。

3)检查并穿戴工作手套和安全帽。

2. 工具的检查

1)外观结构应完整,表面不应有破损、变形、裂痕、生锈等问题。

2)触控笔使用功能正常。

3. 平板电脑的检查

1)外观应整洁,表面无脏污、破损、划痕、裂纹、凹痕和凸点。

2)启动平板电脑,用触控笔控制平板电脑,检查平板电脑运行是否正常,如图2-2-7所示。

图 2-2-7 检查平板电脑

4. 车辆的检查

1）绕车一周,检查两个阻车器是否放置在后轮的前后位置。

2）安装座椅、地板、方向盘、变速杆四件套。

3）踩住制动踏板,车辆 READY 上电,仪表 READY 灯点亮,且档位处于 P 位。

4）检查驻车制动指示灯是否已点亮,确保驻车制动处于制动状态。

5）检查车辆电量是否充足,确保电量充足。

6）关闭车辆。

四、远程控制系统的调试

1. 启动车辆

车辆 READY 上电,仪表 READY 灯点亮,且档位处于 P 位,如图 2-2-8 所示。

图 2-2-8 启动车辆

2. 远程获取车辆信息状态

1）车辆连接云平台。在中控屏上单击左下角的"小车"图标，单击"显示"，单击"连接云平台"，如图 2-2-9 所示。

图2-2-9 连接云平台

2）在平板电脑上打开浏览器，进入云平台客户端（网址：http://panel.eisagoodjobs.com）。

3）输入账号0535_test和密码123456，登录云平台客户端，如图2-2-10所示。

图2-2-10 云平台客户端登录界面

4）查看云平台客户端显示的车辆VIN，并核对是否正确。

5）远程获取车辆剩余电量、档位、车速、车门、灯光等设备的信息，并核对与车辆真实的信息状态是否一致。

6）在云平台客户端上尝试控制车辆相关设备，但无法控制。

3. 远程控制升级

检查当前车辆系统版本，并通过OTA升级到2.0版本（具体操作流程见学习任务一）。

4. 远程控制车辆的调试

1）车辆连接云平台。在中控屏上单击左下角的"小车"图标 ，单击"显示"，单击

"连接云平台",如图 2-2-11 所示。

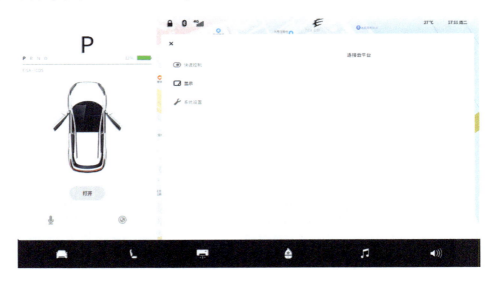

图 2-2-11 连接云平台

2)在云平台客户端,控制刮水器、车窗、仿真香薰、仿真空调等的工作状态,并在车辆上确认(控制车窗时须全开和全关)。

3)控制完成后恢复初始状态。

4)退出云平台客户端,关闭平板电脑。

五、整理清洁

1. 关闭车辆

关闭车辆,拔出车辆钥匙并放置在工作台上。

2. 现场 6S

1)清洁整理工具。

2)清洁整理线束。

3)清洁整理工作台。

4)回收座椅、地板、方向盘、变速杆四件套。

5)清洁整理车辆。

3. 回收安全与防护装备

1)脱下并整理安全帽和工作手套。

2)回收安全警示牌。

3)离场并恢复围挡。

复习题

一、判断题

1. OTA 全称为 Over-The-Air technology（空中下载技术），是指通过移动通信的接口实现对软件进行远程管理。（   ）
2. 时间是 OTA 优先考虑的内容。（   ）
3. OTA 云端也称为 OTA 云服务平台，包含 OEM 支持 OTA 升级的 ECU 全部的完整升级包。（   ）
4. OTA 系统接收效率比较低，所以不建议用在智能座舱上。（   ）
5. OTA 可以为车辆增加新功能，增加用户的新鲜感。（   ）
6. 远程控制系统往往包含客户端程序（Client）和受控端程序（Server）两部分，需要在控制者与受控者之间建立信息的闭环。（   ）
7. 远程控制处理流程会持续进行，不断循环，直至达到目标。（   ）
8. 车联网后台发送指令给车辆的 T-box（智能车载终端），如果此时 T-box 处于休眠状态，无需唤醒也可以直接接收远程控制的指令。（   ）
9. 远程控制系统极大提高了用户使用汽车的舒适性和便利性。（   ）
10. 汽车的远程控制面临黑客攻击、数据安全等问题，所以不能用在汽车上。（   ）

二、不定项选择题

1. OTA 整体架构包含（   ）三部分。
   A. OTA 云端　　B. OTA 终端　　C. OTA 始端　　D. OTA 设计对象
2. OTA 系统的下载方式有（   ）几项。
   A. 短信方式　　B. 基于浏览器方式　　C. 蓝牙方式　　D. PUSH 方式
3. OTA 的设计要求包括（   ）。
   A. 安全性　　B. 时间　　C. 版本管控　　D. 异常处理方案
4. OTA 终端主要包含（   ）。
   A. OTA 管理平台　　B. OTA 引擎　　C. OTA 适配器　　D. OTA 升级服务
5. 汽车 OTA 对象主要包括（   ）。
   A. ADAS 软件　　B. 降噪影音系统　　C. 车内嵌入式 ECU　　D. OTA 适配器
6. 远程控制技术需要在（   ）与（   ）之间建立信息的闭环。
   A. 控制者　　B. 受控者　　C. 决策者　　D. 感知者
7. 车辆远程控制需要经过（   ）。
   A. T-box　　B. ECU 模块　　C. 执行模块　　D. 降噪影音模块

8. 通常远程控车包含以下功能。（　　）

　　A. 远程打开发动机/空调　　　　　　B. 远程解锁/上锁车门

　　C. 远程寻车　　　　　　　　　　　　D. 远程查看车辆位置

9. 以下哪项不是远程控制车辆的缺点。（　　）

　　A. 提高了便利性　　　　　　　　　　B. 操作上的准确性低

　　C. 网络数据的稳定性弱　　　　　　　D. 远程控车反应太慢

10. 与车联网相关的驾驶形态分别是（　　）。

　　A. 辅助驾驶　　　B. 协助驾驶　　　C. 遥控驾驶　　　D. 自动驾驶

三、简答题

1. 简述车辆远程控制的技术原理。

　　答：

2. 简述远程控制系统优点。

　　答：

3. 简述OTA系统的定义。

　　答：

4. 简述OTA系统的组成。

　　答：

项目三
抬头显示系统

- 学习任务一　抬头显示系统的拆装
- 学习任务二　抬头显示系统的调试与测试

学习任务一
抬头显示系统的拆装

任务描述

有新闻报道，因为驾驶员对路线不熟悉，一边低头看中控导航研究路线一边开车，导致撞上收费站的防撞桶和隔离墩。该起事故中驾驶员行驶过程中低头看导航，是造成此次事故的直接原因。那么有什么方法可以减少这种类似的事故发生呢？

本任务介绍教学车抬头显示系统主要包括哪些部件，及抬头显示系统如何进行拆装。

学习目标

知识目标

1) 能够用自己的语言解释说明抬头显示系统的概念和作用。
2) 能够用自己的语言解释说明抬头显示系统的工作原理。
3) 能够正确列举出抬头显示系统的分类和各自的特点。

技能目标

1) 通过学习能够讲述抬头显示系统的种类和各自的特点。
2) 能够掌握抬头显示系统拆装的方法。

素养目标

1) 严格执行企业装配标准流程。
2) 严格执行企业 6S 管理制度。
3) 激发学生的爱国情怀，培养高度的社会责任感。

知识准备

一、抬头显示系统的概念

驾驶员在看仪表盘或者中控大屏上的信息时，视线必须从前方的路面上偏移，可能会因此发生事故（图3-1-1）。因此，不少汽车使用了抬头显示技术来降低由于驾驶员低头造成的事故发生率。

图3-1-1　驾驶员低头看导航导致事故

抬头显示系统是驾驶辅助系统的一部分，它通过投影装置将对驾驶员有用的信息以显眼的数字、图像或者视频的方式展示在驾驶员前方风窗玻璃或显示屏上（图3-1-2），让驾驶员在驾驶过程中保持眼睛聚焦在道路上，降低低头观察仪表的频率，提升驾驶安全性。

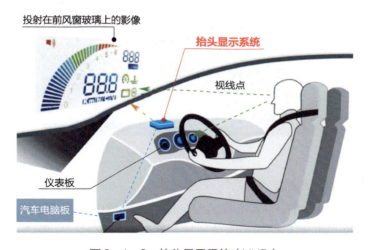

图3-1-2　抬头显示系统（HUD）

二、抬头显示系统的基本原理

1. 抬头显示系统的组成

（1）车载计算单元　车载计算单元的作用是处理不同来源的车况数据，并以投影的方式输出给驾驶员有用的信息，其中包含投影内容（导航、车速等信息）、交互界面（内容的显示和分布）和整个交互界面的位置（虚拟图像需要计算单元结合路况、车况去匹配），如图3-1-3所示。

（2）投影设备　投影设备内部集成了投影仪、反射镜、投影镜、调节电动机及控制单元，通过HUD控制单元从车辆数据总线获取车速、导航等信息。投影设备的作用是根据车载计算单元的输出，生成显示图像，如图3-1-4所示。

图3-1-3 车载计算单元

图3-1-4 投影设备

风窗玻璃是弯曲的，图像若是直接投射在弯曲的玻璃面上，会造成图像变形，这就需要一个纠正措施，于是投影镜和反射镜也被设计成弯曲的。

（3）显示设备 显示设备一般来说就是车载风窗玻璃（C-HUD是一种自带小屏幕的HUD），显示设备的作用是将数据和图像展示给驾驶员，如图3-1-5所示。

图3-1-5 显示设备

读者可能会想，这种风窗玻璃有啥特殊的？图3-1-6a所示是普通风窗玻璃夹层结构示意，如果把HUD图像投射到普通风窗玻璃上，很容易形成图像重影，投射效果差。而HUD风窗玻璃夹层内部的PVB膜呈楔形，即玻璃呈上厚下薄的状态，这样就不会形成图像重影，如图3-1-6b所示。

a）普通风窗玻璃夹层

b）HUD风窗玻璃夹层

图3-1-6 普通风窗玻璃夹层与HUD风窗玻璃夹层对比

为了降低玻璃成本,在大多数 A、B 级车上搭配的 HUD 系统会另外配备一块反射玻璃(如马自达和标致的 HUD 系统);而在大多数豪华品牌上,成本限制没那么紧张,就会用 HUD 风窗玻璃。

2. 抬头显示系统的工作原理

车载计算单元将信息传输至投影设备,形成影像后经过光学反射或折射投影至驾驶员视线前方风窗玻璃或者透明显示屏上,最终反馈到驾驶员眼中。

HUD 的原理类似于幻灯片投影。由投影设备发出光信息,经过反射镜反射到投影镜上,再由投影镜反射到风窗玻璃,人眼看到的是虚像,感觉就像信息悬浮在前方路上,如图 3-1-7 所示。

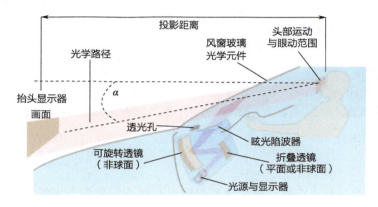

图 3-1-7　汽车上抬头显示技术工作原理

HUD 工作流程为传感器→车载计算单元→投影仪→反射镜→投影镜→风窗玻璃→人眼,如图 3-1-8 所示。

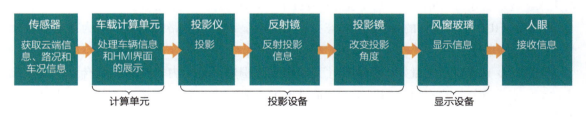

图 3-1-8　HUD 工作流程

三、抬头显示系统的分类

1. 组合型抬头显示 (C-HUD)

C-HUD(Combiner HUD)是一种独立镜面光学装备,置于仪表盘上方,如图 3-1-9 所示,可以作为独立系统进行光学设计,投影成像载体为驾驶员前方的一块 6~8in 的透明树脂玻璃屏幕,投影成像距离 <2m。

目前,由于 C-HUD 的成本比 W-HUD 更低,制造商开始在中等价位车型中部署 C-HUD。

例如，起亚的 B 级车型 Seltos（2019 年在印度推出），正是瞄准了尚待开发的印度中等价位车型的 HUD 市场。

2. 风窗型抬头显示（W-HUD）

W-HUD（Windscreen HUD）利用光学反射的原理（图 3-1-10），将重要的行驶相关资讯投射在风窗玻璃上显示，显示效果更为一体化。

W-HUD 是最常见的 HUD 技术类型，信息直接显示在风窗玻璃上。驾驶员看到的是虚拟图像，不是风窗玻璃上的静态图像，而是漂浮在发动机盖上的图像，通常距离驾驶员的眼睛约 2m。奥迪 A3、宝马 5 系和奔驰 C 级都采用了这种技术。

图 3-1-9　C-HUD

图 3-1-10　W-HUD

3. 增强现实型抬头显示（AR-HUD）

AR-HUD 通过车身行车电脑控制车身数据输出并将不同数据与实景结合，车辆可以与导航系统结合进行导航指示，ADAS 功能以 AR 方式提供行车中道路偏移、前车预警及障碍物识别等提示，如图 3-1-11 所示。

AR-HUD 对于用户而言，具有很大的直观性，通过结合现实路况信息，实时出现一些虚拟箭头来直观地引导驾驶员前进，从而避免在驾驶中出现开过路口和分散驾驶员注意力的情况。

3D AR-HUD 根据目标的 3D 位置动态投影，可以显示前方道路的信息以及为乘客提供个性化的 3D 信息娱乐。

AR-HUD 具有显示质量好、显示尺寸大和可视范围广、显示内容与路况结合、更加形象生动等优点；同样，也有研发周期长、制造难度大、成本比较高（如镜片的制造成本高，难度大）等缺点，如图 3-1-12 所示。

图 3-1-11　AR-HUD

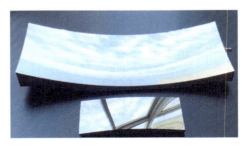

图 3-1-12　AR-HUD 镜片

AR-HUD 发展潜力如下。

1）HUD 技术被业界重新重视，不仅因为它能提高驾驶安全性和显示效果，更重要的是 AR 技术的出现，让 HUD 的使用场景有了更多可能，能够提供更远的成像距离和更广的视场角，并生动地将驾驶信息与现实路况叠加显示。

2）在驾驶安全方面，AR-HUD 将 ADAS、汽车传感器结合进行安全提醒，例如，跟车距离预警、压线预警、红绿灯监测、提前变道、行人预警、路标显示、车道偏离预警、前方障碍物预警、驾驶员状态监测等，同时，通过颜色的变化来提升驾驶安全度。

3）AR-HUD 可以结合人的眼球跟踪，实时感知瞳孔和凝视位置，为驾驶员提供更准确的信息定位，同时为客户定制不同的体验要求。

4）在亮度调节方面，AR-HUD 可以采用类似于光线自适应技术，使汽车具备自动侦测环境亮度功能，实现 HUD 照明亮度自动调节以适应环境（白天、夜晚、阴天、晴天等）。

5）在驾驶娱乐方面，AR-HUD 将当前位置、地图和场景 AI 等结合，为驾驶员提供路过的景区、商场、餐厅等信息，实现车与道路环境的互联。

6）在不同场景下，驾驶员可以通过方向盘、中控屏等来操控显示信息，选择不同的 AR-HUD 场景模式和设置，从而将某些驾驶信息合理地叠加在驾驶员视野中。

7）可以选择驾驶场景下的车辆自适应模式。例如，在高速公路上设置为导航模式，仅显示导航和安全提醒信息；在街道和低速路段行驶时，可以设置推荐周边信息的 AR-HUD 场景模式；在事故多发路段或山区则可以选择以安全 AR-HUD 为主要内容的场景模式等。

在未来 AR-HUD 的应用中，还可能会融合大数据、车路协同、乘员监测等技术，一起完成安全驾驶。

4. HUD 三大类型比较

装配 HUD 对于终端使用者来讲主要存在三大需求：行车安全性、交互便捷性、行车智能性，三大需求的必要性必然推动 HUD 的全面普及。HUD 三大类型各有其优劣势，其比较分别见表 3-1-1 和图 3-1-13。

表 3-1-1　HUD 三大类型比较

类型	介绍	优势	劣势
C-HUD	放置于仪表上方的一块透明树脂玻璃，一般会根据成像条件对这块玻璃进行特殊处理	做成模型来避免玻璃两面的反射重影，可以有效控制成本，提高显示效果	置于仪表上方，在车辆碰撞时会对驾驶员产生二次伤害，不利于车内安全
W-HUD	显示屏直接使用汽车的风窗玻璃，使用 TFT 投影技术	显示效果更为一体化，也有助于造型布置，较为安全	要根据风窗玻璃的尺寸和曲率去适配高精度非球面反射镜，这也直接导致了 W-HUD 成本的升高
AR-HUD	AR 实景模拟，使用数字光处理技术（DLP）	图像信息精准结合实际交通路况，更加逼真，使用方便	成本高，技术难点较多

a）C-HUD　　　　　　b）W-HUD　　　　　　c）AR-HUD

图 3-1-13　HUD 三大类型比较

5. HUD 产品模式

HUD 抬头显示系统一般分为两种模式。第一种是原车高配或选装出厂就带的配置，属于前装。例如，宝马、奥迪、奔驰、马自达、红旗、标致、吉利等，讴歌（图 3-1-14）旗下部分车型配有 HUD 系统。

第二种是后期自己加装 HUD，属于后装。通过连接车辆 OBD 接口获取电源或读取数据，将读取到的数据显示到屏幕上。例如，途行者和乐驾车萝卜，其主要产品均为后装 C-HUD，这种类型市场规模逐渐减小，客户等级较低，未来发展空间较小。HUD 加装套件如图 3-1-15 所示。

在系统层面，这些 HUD 基本上都采用 Android 系统，然后根据与 HUD 的交互进行相应的软件调整。

 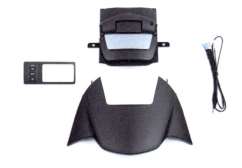

图 3-1-14　讴歌 HUD　　　　　　图 3-1-15　HUD 加装套件

四、抬头显示系统的发展趋势

1. 抬头显示系统的发展背景

HUD 最早是应用于战斗机上，第一架使用 HUD 的飞机是美国海军的 A-5 舰载机。后来 HUD 逐渐推广应用到民航客机上，飞行员可以在上面看到如航速、高度以及到目标航点距离等。

随着科技的进步，HUD 作为豪华车型的高科技配置进入汽车高端市场。1988 年，通用汽车在其旗下的 Oldsmobile（奥兹莫比尔）Cutlass Supreme Indy 500 Pace Car 上采用了 HUD，是世界上首款采用 HUD 技术的汽车,如图 3-1-16 所示。最早 HUD 显示信息只有车速,既没有导航也没有 ADAS 功能展示。

随着汽车智能化的发展,HUD 将加速普及,搭载车型将从以往的中高端车型向低端车型覆盖。目前汽车上的抬头显示技术能把时速、导航、自适应巡航和变道辅助等重要的行车信息,投影到驾驶员前面的风窗玻璃上,如图 3-1-17 所示。

图 3-1-16　1988 年通用汽车上抬头显示的应用　　　　图 3-1-17　汽车上抬头显示的应用

2. 抬头显示系统的产业链

车载 HUD 上游分为硬件和软件服务两部分,硬件方面包括风窗玻璃、光源模组、显示器镜片和图像处理芯片等,软件方面包括地图、导航和光学软件等。下游主要为各大整车厂以及后装市场等。抬头显示系统的产业链如图 3-1-18 所示。

图 3-1-18　抬头显示系统的产业链

3. 抬头显示系统的发展趋势

(1) HUD 的功能越发智能丰富　未来 AR-HUD 将与 ADAS、眼球追踪、高精度地图等技术加深融合。

(2) 波导 HUD 装车优势明显　基于波导技术的 AR-HUD,其空间容量具有较大装车优势；基于有源全息波导技术的 AR-HUD 未来有望实现量产应用。

（3）单一处理器是 HUD 的技术趋势　具备强大计算能力的单一处理器支持一芯多屏，带动 HUD 创新应用。

（4）前装市场优先发展倾向明显　主机厂与消费者需求刺激前装 HUD 渗透率提升。

项目实施

一、抬头显示系统的组成部分及拆装流程

1. 抬头显示系统的组成部分

教学车抬头显示系统主要包括抬头显示器、抬头显示器支架、抬头显示器线束和工控机等，如图 3-1-19 所示。

图 3-1-19　抬头显示系统组成部分

1）抬头显示器：接收车辆信息，并将信息投影到前风窗玻璃上。
2）抬头显示器线束：连接抬头显示器和工控机。
3）工控机：根据整车 CAN 总线信号数据，控制抬头显示器的显示状态。

2. 抬头显示系统的拆装流程

抬头显示系统的拆装流程如图 3-1-20 所示。

图 3-1-20　抬头显示系统的拆装流程

二、工具设备介绍

设备包括智能网联教学车、抬头显示器；工具包括安全帽、绝缘垫和工作手套等，如图 3-1-21 所示。

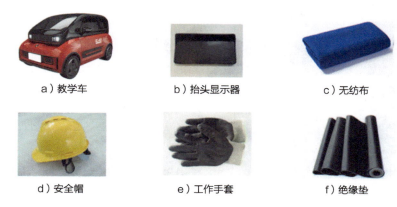

a）教学车　　b）抬头显示器　　c）无纺布
d）安全帽　　e）工作手套　　f）绝缘垫

图3-1-21　工具设备介绍

三、作业前的检查

1. 安全与防护

1）规范着装入场（着装整洁、不戴首饰、挽起长发等）。

2）放置安全警示牌，正确设置安全围挡。

3）检查并穿戴工作手套和安全帽。

2. 抬头显示器的外观检查

1）外观应整洁，表面无脏污、破损、划痕、裂纹、凹痕和凸点。

2）后端针脚无损坏、变形或生锈等缺陷，如图3-1-22所示。

3. 车辆的检查

1）绕车一周，检查两个阻车器是否放置在后轮的前后位置。

2）安装座椅、地板、方向盘、变速杆四件套。

3）踩住制动踏板，车辆 READY 上电，仪表 READY 灯点亮，且档位处于 P 位。

图3-1-22　抬头显示器

4）检查驻车制动指示灯是否已点亮，确保驻车制动处于制动状态。

5）检查车辆电量是否充足，确保电量充足。

6）关闭车辆。

4. 抬头显示器线束的检查

1）在车辆上检查抬头显示器线束，外观结构应完整，表面不应有破损、变形、裂痕等问题。

2）线束插头针脚应无损坏、变形或生锈等缺陷，如图3-1-23所示。

3）抬头显示器线束接口定义，如图3-1-24所示。

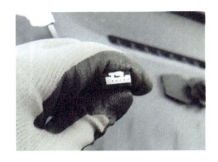

HUD线束接口定义说明	针脚	功能
	1	接地
	2	CAN-H
	3	CAN-L
	4	空
	5	电源

图3-1-23 抬头显示器线束的检查　　　　图3-1-24 抬头显示器线束接口定义

四、抬头显示系统的装配

1. 抬头显示器的装配

1）连接抬头显示器线束，如图3-1-25所示。
2）将抬头显示器压装到固定座上，听到"嗒"一声后，压装成功。
3）旋转抬头显示器下面的塑料螺母，将抬头显示器固定到固定座上。

图3-1-25 抬头显示器的装配

2. 车辆READY上电

1）踩下制动踏板，按下启动开关，车辆READY上电，如图3-1-26所示。
2）仪表READY灯应点亮，且档位处于P位，驻车制动指示灯点亮。

图3-1-26 车辆READY上电

3. 调节抬头显示器的显示高度

手动调节抬头显示器的显示高度,直至投影影像显示在驾驶员的平视范围内,如图3-1-27所示。

五、抬头显示系统的拆卸

1. 关闭车辆

关闭车辆,拔出车辆钥匙并放置在工作台上。

2. 拆卸抬头显示器

1)拆卸抬头显示器塑料螺母,并将抬头显示器与固定座分离。

2)拆卸抬头显示器线束插头,如图3-1-28所示。

图3-1-27 调节抬头显示器的显示高度　　图3-1-28 拆卸抬头显示器

六、整理清洁

1. 现场6S

1)清洁整理抬头显示器。

2)清洁整理工作台。

3)回收座椅、地板、方向盘、变速杆四件套。

4)清洁整理车辆。

2. 回收安全与防护装备

1)脱下并整理安全帽和工作手套。

2)回收安全警示牌。

3)离场并恢复围挡。

学习任务二
抬头显示系统的调试与测试

任务描述

抬头显示系统（HUD）利用光学反射原理，将汽车驾驶辅助信息、导航信息、检查控制信息以及 ADAS 信息等，以投影方式显示在风窗玻璃上，驾驶员阅读起来非常舒适。本任务介绍抬头显示系统如何进行调试、测试。

抬头显示系统的调试与测试

学习目标

知识目标

1）能够正确完成抬头显示系统的接口和线路连接。
2）能够掌握抬头显示系统调试与测试的步骤及方法。

技能目标

1）能够正确完成抬头显示系统的接口辨识和线路连接。
2）能够掌握抬头显示系统测试的方法。

素养目标

1）严格执行企业装配标准流程。
2）培养学生自主学习、主动思考的能力，以及终身学习的观念和坚韧不拔的意志，为未来更深层次的学习和发展奠定基础。
3）通过检错和纠错机制，培养学生正确的世界观、人生观、价值观，提高学生对技能技术的追求，培养精益求精的工匠精神。

项目实施

一、抬头显示系统的调试与测试流程

抬头显示系统的调试与测试流程，如图 3-2-1 所示。

项目三 抬头显示系统

图3-2-1 抬头显示系统的调试与测试流程

二、工具设备介绍

设备包括智能网联教学车、智能座舱测试装调台架、联机通信线等，如图3-2-2所示；工具包括安全帽、绝缘垫和工作手套等，如图3-2-3所示。

a）教学车　　　　b）智能座舱测试装调台架
c）抬头显示器　　d）联机通信线（网线）　　e）联机通信线（航空接头）

图3-2-2 设备介绍

a）安全帽　　　b）工作手套　　　c）无纺布　　　d）绝缘垫

图3-2-3 工具及防护用品介绍

在本任务中，教学车是抬头显示系统的载体；测试装调台架的作用是调试和测试抬头显示系统；联机通信线连接车辆和测试装调台架，用于两者之间的数据通信。其中联机通信线（航空接头）用于调试抬头显示系统的通信，联机通信线（网线）用于固件烧入的通信。

三、作业前的检查

1.安全与防护

1）规范着装入场（着装整洁、不戴首饰、挽起长发等）。
2）放置安全警示牌，正确设置安全围挡。
3）检查并穿戴工作手套和安全帽。

2. 线束外观的检查

线束包括智能座舱测试装调台架（以下简称台架）电源线、联机通信线（网线）、联机通信线（航空接头）。

1）外观结构应完整，表面不应有破损、变形、裂痕等问题。
2）连接针脚应无损坏、变形或生锈，如图3-2-4所示。

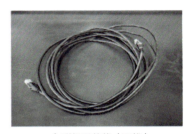

a）联机通信线（网线）　　b）联机通信线（航空接头）

图3-2-4　线束外观检查

3. 台架的检查

1）检查台架万向轮是否已锁止，确保万向轮处于锁止状态。
2）检查台架上的设备（鼠标和键盘）是否齐全。

4. 车辆的检查

1）绕车一周，检查两个阻车器是否放置在后轮的前后位置。
2）安装座椅、地板、方向盘、变速杆四件套。
3）踩住制动踏板，车辆READY上电，仪表READY灯点亮，且档位处于P位。
4）检查驻车制动指示灯是否已点亮，确保驻车制动处于制动状态。
5）检查车辆电量是否充足，确保电量充足。
6）关闭车辆。

四、抬头显示系统的线路连接

1）检查并连接车辆与台架的联机通信线（网线），如图3-2-5所示。

a）　　　　　　　　　　b）

图3-2-5　联机通信线（网线）的连接

2)检查并连接车辆与台架的联机通信线(航空接头),如图3-2-6所示。

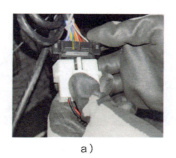

a)　　　　　　　　　　b)

图3-2-6　联机通信线(航空接头)的连接

五、抬头显示系统的调试

1. 车辆READY上电

1)踩下制动踏板,按下启动开关,车辆READY上电。

2)仪表READY灯应点亮,且档位处于P位,驻车制动指示灯点亮,如图3-2-7所示。

图3-2-7　车辆READY上电

2. 启动台架和计算机

连接台架电源线并打开台架电源开关,启动台架计算机。

3. 抬头显示系统显示功能的调试

在台架计算机上打开智能座舱系统测试软件,单击HUD进入抬头显示器显示功能的调试界面,如图3-2-8所示。

(1)全暗模式调试　单击"测试模式"下拉菜单,选择"全暗测试",再单击"开始测试",测试软件和车辆上的抬头显示器显示全暗,如图3-2-9所示。

图3-2-8　抬头显示器显示功能的调试界面　　　图3-2-9　全暗模式调试

（2）全亮模式调试　单击"测试模式"下拉菜单，选择"全亮测试"，再单击"开始测试"，测试软件和车辆上的抬头显示器显示全亮，如图3-2-10所示。

（3）手动模式调试　单击"测试模式"下拉菜单，选择"手动测试"，再单击"开始测试"。手动单击某个指示灯，测试软件和车辆上的抬头显示器显示该指示灯，如图3-2-11所示。

图3-2-10　全亮模式调试　　　　　图3-2-11　手动模式调试

（4）正常显示模式调试

1）单击"测试模式"下拉菜单，选择"正常显示"。

2）单击"开始测试"，测试软件和车辆上的抬头显示器均显示"车速+剩余电量"。

3）单击"显示档位"，测试软件和车辆上的抬头显示器均显示"车速+档位"，且在3s后恢复"车速+剩余电量"的显示，如图3-2-12所示。

图3-2-12　正常显示模式调试

六、抬头显示系统的固件烧入

1. 进入固件烧入界面

在智能座舱系统测试软件界面上,单击"设置"图标 ,单击 SSH 进入固件烧入界面,如图 3 – 2 – 13 所示。

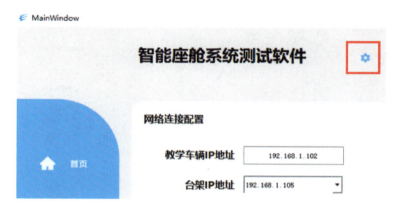

图 3 – 2 – 13　单击"设置"图标

2. 设置并连接网络

IP 输入"192.168.1.102",Name 输入"e300",Password 输入小写"root",单击"连接"按钮,连接台架和车辆,如图 3 – 2 – 14 所示。

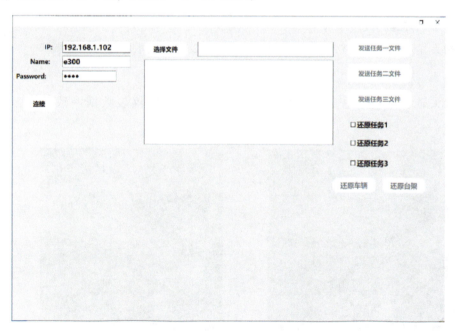

图 3 – 2 – 14　设置并连接网络

3. 发送文件

单击"选择文件",选择抬头显示系统的代码文件can．py(路径为:桌面/E300/task1),再单击"发送任务一文件",发送成功后,在窗口显示"传送成功",如图3-2-15所示。

图3-2-15 发送文件

七、抬头显示系统的测试

1. READY 灯的测试

查看抬头显示器 READY 灯是否点亮,如图 3-2-16 所示。

2. 剩余电量指示灯的测试

查看抬头显示器剩余电量指示灯是否显示,且与车辆仪表数据一致,如图 3-2-17 所示。

图3-2-16 READY 灯的测试　　图3-2-17 剩余电量指示灯的测试

3. 车速指示灯的测试

查看抬头显示器车速指示灯是否显示，且与车辆仪表数据一致，如图 3-2-18 所示。

4. 转向指示灯的测试

分别打开和关闭左右转向指示灯，查看抬头显示系统是否正常显示，如图 3-2-19 所示。

图 3-2-18　车速指示灯的测试

图 3-2-19　转向指示灯的测试

5. 危险警告灯的测试

打开和关闭危险警告灯，查看抬头显示系统是否正常显示，如图 3-2-20 所示。

6. 近光指示灯的测试

打开和关闭近光灯，查看抬头显示系统是否正常显示，如图 3-2-21 所示。

图 3-2-20　危险警告灯的测试

图 3-2-21　近光指示灯的测试

7. 驻车灯的测试

解除驻车制动后重新驻车，查看抬头显示系统是否正常显示，如图 3-2-22 所示。

8. 档位指示灯的测试

踩下制动踏板，分别挂入 R 位、N 位、D 位、P 位，查看抬头显示系统是否正常显示。注意测试完成后，保证档位处于 P 位，如图 3-2-23 所示。

图 3-2-22 驻车灯的测试

图 3-2-23 档位指示灯的测试

9. 车门指示灯的测试

打开和关闭左右车门，查看抬头显示系统是否正常显示，如图 3-2-24 所示。

10. 行李舱门指示灯的测试

打开和关闭行李舱门，查看抬头显示系统是否正常显示，如图 3-2-25 所示。

图 3-2-24 车门指示灯的测试

图 3-2-25 行李舱门指示灯的测试

11. 抬头显示系统的还原

在固件烧入界面右下方选中"还原任务1"，再单击"还原台架"和"还原车辆"，窗口显示"任务一台架还原成功"和"任务一车辆还原"，抬头显示系统一键还原完成，如图 3-2-26 所示。

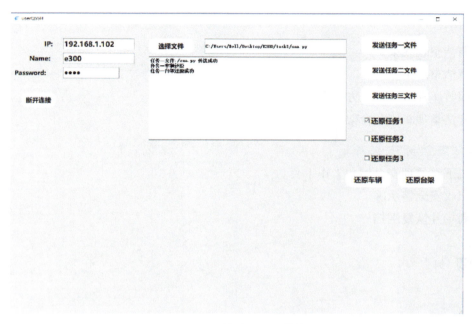

图 3-2-26　抬头显示系统的还原

八、整理清洁

1. 关闭台架

1）关闭测试软件。

2）关闭智能座舱测试装调台架上的计算机。

3）关闭智能座舱测试装调台架电源开关并拔出电源线，如图 3-2-27 所示。

a）关闭台架电源

b）拔出台架电源线

图 3-2-27　关闭台架

2. 关闭车辆

关闭车辆，拔出车辆钥匙并放置在工作台上。

3. 拆卸联机通信线

拆卸连接车辆和台架的两条联机通信线。

4. 现场 6S

1）清洁整理线束。

2）清洁整理工作台。

3）回收座椅、地板、方向盘、变速杆四件套。

4）清洁整理车辆和台架。

5. 回收安全与防护装备

1）脱下并整理安全帽和工作手套。

2）回收安全警示牌。

3）离场并恢复围挡。

复习题

一、判断题

1. 抬头显示技术可以降低驾驶员低头观察仪表的频率，以提升驾驶安全性。（ ）
2. 抬头显示系统是驾驶辅助系统的一部分。（ ）
3. 抬头显示技术最早在游戏上应用。（ ）
4. 汽车上最早的 HUD 显示信息只有车速，既没有导航也没有 ADAS 功能展示。（ ）
5. 目前汽车上的抬头显示技术能把时速、导航、自适应巡航和变道辅助等重要的行车信息投影至前风窗玻璃上。（ ）
6. HUD 的原理类似于幻灯片投影。（ ）
7. HUD 显示设备一般来说就是车载风窗玻璃。（ ）
8. HUD 主要分为四种类型。（ ）
9. 目前 AR-HUD 被广泛应用。（ ）
10. 目前市场上的 HUD 都是后装。（ ）

二、不定项选择题

1. 下列关于抬头显示，叙述正确的是（   ）。
   A. 抬头显示技术最早应用在汽车上　B. 汽车上的抬头显示系统有四种类型
   C. 目前 AR-HUD 应用比较少　D. HUD 能提高驾驶安全性
2. 抬头显示系统由（   ）组成。
   A. 液晶显示屏　B. 投影设备　C. 车载计算单元　D. 显示设备
3. 现在的 C-HUD 能看到（   ）信息。
   A. 车速　B. 导航　C. ADAS　D. 天气
4. 下列车型中搭载 HUD 技术的有（   ）。
   A. 宝马 740　B. 奥迪 A8　C. 大众帕萨特　D. 奔驰 S450

5. 车载计算单元的作用是处理不同来源的车况数据并以投影的方式输出给驾驶员有用的信息，其中包含（　　）信息。

   A. 导航　　　　　B. 交互界面　　　　C. 车速　　　　　D. ADAS

6. 常见的 HUD 类型有（　　）。

   A. C-HUD　　　　B. W-HUD　　　　C. AR-HUD　　　D. 3D AR-HUD

7. 目前市面上使用较多的 HUD 类型是（　　）。

   A. C-HUD　　　　B. W-HUD　　　　C. AR-HUD　　　D. 3D AR-HUD

8. C-HUD 优点有（　　）。

   A. 成本低　　　　B. 技术难点较多　　C. 显示更逼真　　D. 以上都不对

9. AR-HUD 优点有（　　）。

   A. 显示质量好　　B. 可视范围广　　　C. 显示尺寸大　　D. 显示内容与路况结合

10. 目前全球最大的 HUD 制造商是（　　）。

    A. 日本精机　　　B. 德国大陆　　　　C. 华阳集团　　　D. 未来（北京）黑科技

三、问答题

1. 简述抬头显示技术。

   答：

2. 简述抬头显示技术工作原理。

   答：

3. 简述 HUD 工作流程。

   答：

4. 简述抬头显示系统组成及其作用。

   答：

5. 为什么 AR-HUD 在未来更有发展潜力？

   答：

 智能网联汽车智能座舱
系统装调与测试

项目四
语音交互系统

- 学习任务一　语音交互系统的调试
- 学习任务二　语音交互系统的功能测试

学习任务一
语音交互系统的调试

任务描述

车载语音作为新车的标配,正在从固有对话模式向更加富有个性化和情感化的语音交互方向转变。人类的声音多样、复杂并且多变,就算是人与人之间,语音指令的传达也总是比数据处理更容易出现问题,更不用说人机之间了。本任务介绍教学车语音交互系统主要包括哪些部件及语音交互系统如何进行调试。

学习目标

知识目标

1) 能够用自己的语言解释说明语音交互系统的工作原理。
2) 能够用自己的语言叙述语音交互系统的工作流程。
3) 能够正确完成语音交互系统调试的线路连接。
4) 能够掌握语音交互系统的调试步骤及方法。

技能目标

1) 能够用自己的语言讲述语音交互系统实现的流程。
2) 能够正确完成语音交互系统的测试。

素养目标

1) 严格执行企业装配标准流程。
2) 严格执行企业 6S 管理制度。
3) 引导学生弘扬劳动精神,在艰苦奋斗中锤炼意志品格。

知识准备

一、语音交互(VUI)的概念

语音交互(Voice User Interface,VUI)是指人类与设备通过自然语音进行信息的传递。

一次完整的语音交互需要经历图4-1-1所示的流程。

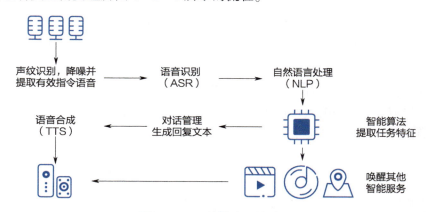

图4-1-1 语音交互的流程

1) ASR用于对声学语音进行分析,并得到对应的文字或拼音信息。语音识别系统一般分为训练和解码两阶段。训练即通过大量标注的语音数据训练数学模型,通过大量标注的文本数据训练语言模型;解码即通过声学和语言模型将语音数据识别成文字。

2) NLP用于将用户的指令转换为结构化的、机器可以理解的语言。

3) TTS即语音合成,将文本转换成语音,让机器说话。

二、语音识别系统的工作原理与技术

1. 语音识别系统的工作原理

语音识别是指将一段语音信号转换成相对应的文本信息。该系统主要包含特征提取、声学模型,语言模型以及字典与解码四大部分,如图4-1-2所示。

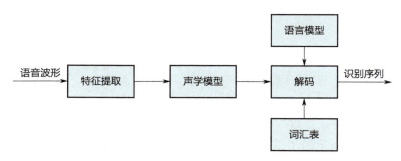

图4-1-2 语音识别系统的工作原理

1) 为了更有效地提取特征,往往还需要对所采集到的声音信号进行滤波、分帧等预处理工作,把要分析的信号从原始信号中提取出来。

2) 特征提取工作是将声音信号从时域转换到频域,为声学模型提供合适的特征向量。

3) 声学模型再根据声学特性计算每一个特征向量在声学特征上的得分。

4) 语言模型则根据语言学相关的理论,计算该声音信号可能对应的词组序列的概率。

5) 最后根据已有的字典,对词组序列进行解码,得到最后可能的文本表示。

2. 语音识别系统的主要技术

语音识别技术主要包括特征提取技术、模式匹配准则及模型训练技术三个方面，如图4-1-3所示。图中所示的是语音识别的主要技术流程。首先是声音的输入，这个声音需要经过一些预处理，如端点检测、降噪、回声消除等，让处理后的声音信号能够更加真实地反映语音的状态；然后进行声音的特征提取，因为在整个语音中有很多的特征是语音识别并不关注的，所以需要把关注的语音特征提取出来；提取到关键特征后，才会进入真正的语音识别（或者称为模式匹配）的过程。

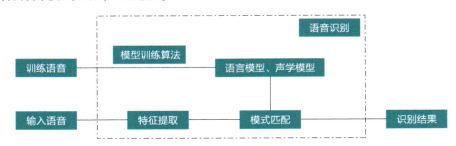

图4-1-3 语音识别系统的主要技术（一）

首先进行的是声学模型的匹配。它输入的是前面得到的语音特征，输出是一个发声的信号，即声学模型能够把这些特征转化为发声信息。如图4-1-4所示，可以看到输出有点类似于拼音的音标。得到这样的发声信息后，再到语言模型，比如到中文的语言模型中去查找有哪个词或者字与该发声特征最匹配，最后得到的识别结果就是"语音交互"。

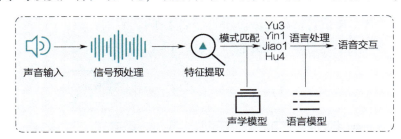

图4-1-4 语音识别系统的主要技术（二）

图4-1-4中的"特征提取"其实可以简单地理解为图4-1-5中所示的语谱图。每一种发声对应的语谱图形状都是不一样的，都有自己独有的特征，可以根据特征匹配出它的发音，然后再匹配出对应的文字。

三、语音交互系统的特点

1. 语音交互系统的优点

语音交互系统的优点如图4-1-6所示。

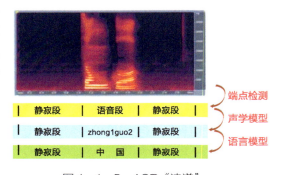

图4-1-5 ASR"读谱"

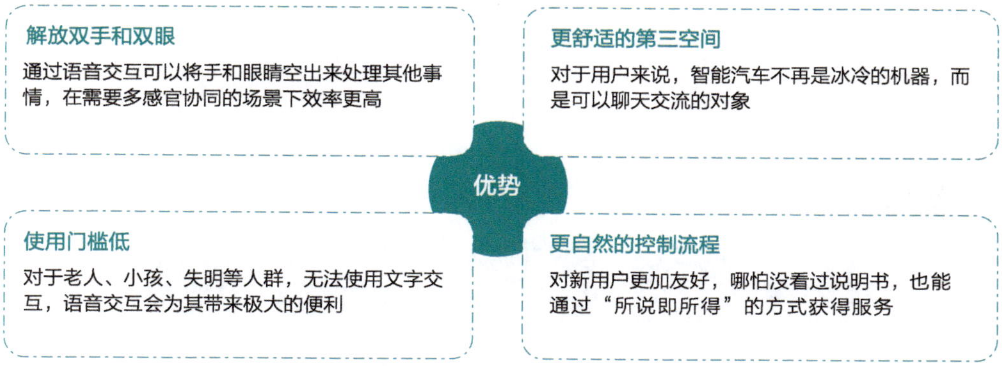

优势

解放双手和双眼
通过语音交互可以将手和眼睛空出来处理其他事情，在需要多感官协同的场景下效率更高

更舒适的第三空间
对于用户来说，智能汽车不再是冰冷的机器，而是可以聊天交流的对象

使用门槛低
对于老人、小孩、失明等人群，无法使用文字交互，语音交互会为其带来极大的便利

更自然的控制流程
对新用户更加友好，哪怕没看过说明书，也能通过"所说即所得"的方式获得服务

图 4-1-6 语音交互系统的优点

2. 语音交互系统的缺点

语音交互系统的缺点如图 4-1-7 所示。

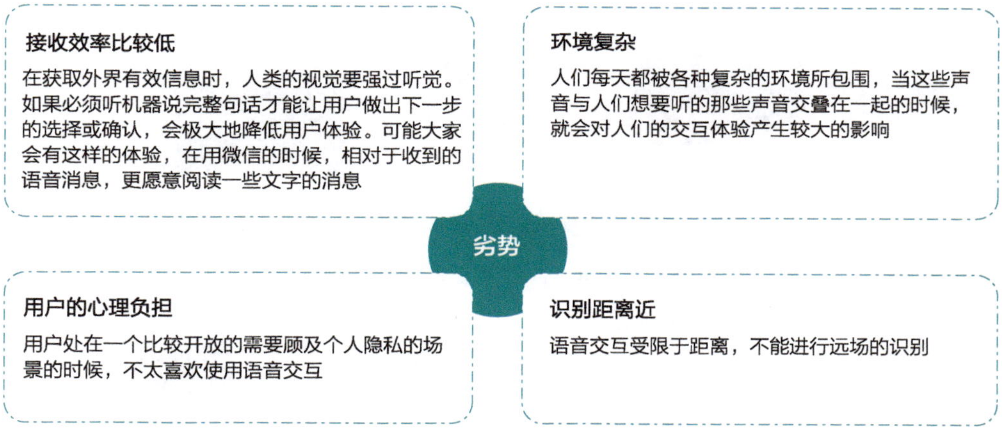

劣势

接收效率比较低
在获取外界有效信息时，人类的视觉要强过听觉。如果必须听机器说完整句话才能让用户做出下一步的选择或确认，会极大地降低用户体验。可能大家会有这样的体验，在用微信的时候，相对于收到的语音消息，更愿意阅读一些文字的消息

环境复杂
人们每天都被各种复杂的环境所包围，当这些声音与人们想要听的那些声音叠在一起的时候，就会对人们的交互体验产生较大的影响

用户的心理负担
用户处在一个比较开放的需要顾及个人隐私的场景的时候，不太喜欢使用语音交互

识别距离近
语音交互受限于距离，不能进行远场的识别

图 4-1-7 语音交互系统的缺点

因此，语音交互技术和视觉交互技术是在不同维度上的互补，可以在不同的场景选择最合适的交互技术，通过适当的协作机制为用户提供更好的体验。

四、语音交互技术在智能座舱中的应用

开车过程中能做的事非常有限，就连打电话都很不方便。若语音交互技术进入汽车领域，不仅可以解放驾驶人双手，方便驾驶，还能让驾驶人将注意力转向路面，提高安全性。

车载常用语音功能有接听电话、开关车窗、广播音乐、路线导航，以及控制空调、部分灯光、车窗、车门、刮水器等语音指令。

项目实施

一、语音交互系统的调试流程

语音交互系统的调试流程,如图4-1-8所示。

图4-1-8 语音交互系统的调试流程

二、工具设备介绍

设备包括智能网联教学车、智能座舱测试装调台架、联机通信线,如图4-1-9所示;工具包括触控笔、安全帽、绝缘垫和工作手套等,如图4-1-10所示。

a)教学车　　b)智能座舱测试装调台架　　c)联机通信线

图4-1-9 设备介绍

a)触控笔　　b)工作手套　　c)安全帽　　d)绝缘垫

图4-1-10 工具及防护用品介绍

在本任务中,教学车是语音交互系统的载体;测试装调台架的作用是调试语音交互系统;联机通信线连接车辆和测试装调台架,用于两者之间的数据通信。

三、作业前的检查

1. 安全与防护

1) 规范着装入场(着装整洁、不戴首饰、挽起长发等)。
2) 放置安全警示牌,正确设置安全围挡。
3) 检查并穿戴工作手套和安全帽。

2. 工具的检查

1) 外观结构应完整，表面不应有破损、变形、裂痕、生锈等问题。
2) 触控笔使用功能应正常，如图4-1-11所示。

图4-1-11 触控笔的检查

3. 线束外观的检查

线束包括智能座舱测试装调台架电源线、联机通信线。
1) 外观结构应完整，表面不应有破损、变形、裂痕等问题。
2) 连接针脚应无损坏、变形或生锈。

4. 台架的检查

1) 检查台架万向轮是否已锁止，确保万向轮处于锁止状态。
2) 检查台架上的设备（鼠标和键盘）是否齐全。

5. 车辆的检查

1) 绕车一周，检查两个阻车器是否放置在后轮的前后位置。
2) 安装座椅、地板、方向盘、变速杆四件套。
3) 踩住制动踏板，车辆READY上电，仪表READY灯点亮，且档位处于P位。
4) 检查驻车制动指示灯是否已点亮，确保驻车制动处于制动状态。
5) 检查车辆电量是否充足，确保电量充足。
6) 关闭车辆。

四、语音交互系统的线路连接

1. 接线口的检查

1) 检查联机通信线（与教学车连接端）接线口是否正常（针脚无损坏、变形或锈蚀），如图4-1-12所示。

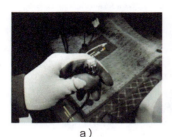

a)   b)

图4-1-12 检查接线口（与教学车相连）

2) 检查联机通信线（与智能座舱测试装调台架连接端）接线口是否正常（针脚无损坏、变形或锈蚀），如图4-1-13所示。

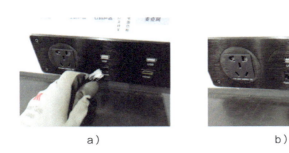

图4-1-13 检查接线口（与智能座舱测试装调台架连接端）

2. 联机通信线的连接

正确连接教学车与台架的联机通信线，如图4-1-14所示。

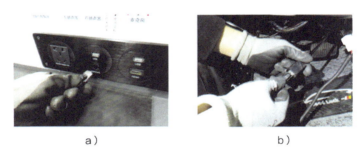

图4-1-14 联机通信线的连接

五、语音交互系统的调试

1. 启动车辆

车辆READY上电，仪表READY灯点亮，且档位处于P位，如图4-1-15所示。

图4-1-15 启动车辆

2. 启动台架和计算机

连接台架电源线并打开台架电源开关，启动台架计算机。

3. 语音交互系统的调试

1）打开智能座舱系统测试软件，单击"音频"进入语音交互系统的调试，如图 4-1-16 所示。

图 4-1-16　语音交互系统的调试界面

2）在"扬声器"模块中，单击"测试"，车辆座舱和台架都会播放一段音乐，"音量"显示条上出现音量变化。音乐播放完毕，测试自动结束，如图 4-1-17 所示。

图 4-1-17　扬声器调试

3）在"麦克风"模块中，单击"测试"，坐在车辆座舱内讲一段语音，"音量"显示条上出现音量变化，如图 4-1-18 所示。测试完成后，单击"停止测试"。

图 4-1-18　传声器调试

六、整理清洁

1. 关闭台架

1）关闭测试软件。

2）关闭智能座舱测试装调台架上的计算机。

3）关闭智能座舱测试装调台架电源开关并拔出电源线。

2. 关闭车辆

关闭车辆，拔出车辆钥匙并放置在工作台上。

3. 拆卸联机通信线

拆卸连接车辆和台架的联机通信线。

4. 现场 6S

1）清洁整理线束。

2）清洁工具。

3）清洁整理工作台。

4）回收座椅、地板、方向盘、变速杆四件套。

5）清洁整理车辆和台架。

5. 回收安全与防护装备

1）脱下并整理安全帽和工作手套。

2）回收安全警示牌。

3）离场并恢复围挡。

学习任务二
语音交互系统的功能测试

任务描述

近年来随着车联网系统的迅速发展,汽车人机交互越来越受到车企的重视,其中语音作为最便捷的交互入口,在人机交互中发挥着至关重要的作用。本任务介绍如何进行语音交互系统的开发及语音交互系统开发完成之后如何进行测试。

语音交互系统的测试

学习目标

知识目标

1)能够掌握语音交互系统开发的编程步骤及方法。
2)能够掌握将语音交互系统程序写入工控机的步骤和方法。
3)能够正确完成语音交互系统的测试。

技能目标

1)能够用自己的语言解释说明语音交互系统开发过程。
2)能够正确完成语音交互系统的测试。

素养目标

1)严格执行企业 6S 管理制度。
2)引导学生增强国际视野,培养忧患意识。

知识准备

一、语音识别的实现方法

语音识别的实现方法包括基于本地的语音识别和基于云端语音识别。基于云端语音识别功能根据云端大数据,通过网络实现实时查询;云端词条库内容丰富,基于大数据还可以实现语义拓展的功能,使机器听懂更多用户不同的语言描述。

二、基于云端 API 实现语音识别

1. 云端 API 的使用

目前 API 仅支持整段语音识别的模式，即需要上传完整语音文件进行识别，时长不超过 60s，可对 60s 之内的短音频文件进行快速识别。它支持 16k 采样率的单声道音频，支持 16bit 的数据采样精度，支持 wav 音频格式，支持中文普通话、英语、粤语。

2. PyAudio 库简介

PyAudio 库可以进行录音、播放、生成 wav 文件等。PyAudio 提供了 PortAudio 的 Python 语言版本，是一个跨平台的音频 I/O 库，使用 PyAudio 可以在 Python 程序中播放和录制音频。利用 PyAudio 可以轻松地使用 Python 在各种平台上播放和录制音频，例如，GNU/Linux、微软 Windows 和苹果 Mac OS。

3. 基于云端 API 实现语音识别的流程

1）编写语音识别相关函数。

2）声音参数配置。完成四个函数的编写，该四个函数分别对应的功能为声音参数配置和调用云端 API，实现语音识别。

3）声音参数配置的代码编写。根据云端 API 的要求，原始 PCM 的录音参数必须符合 16k 采样率、16bit 位深、单声道，支持格式为 wav（不压缩，pcm 编码），所以，需要设置能正确识别语音的声音参数。参数包括数据流块的大小、数据类型、声道数、采样率、录音时间。

4）调用云端 API 实现语音识别。若想调用云端 API 实现语音识别，需要了解它的调用方式。API 相当于一个接口，只需将准备好的音频数据送入接口里，就能得到语音识别结果，不需要从零开始实现语音识别，这大大减少了工作量。但这种方式也有个缺点，即不能在离线的情况下使用，因为要接入服务器，上传音频，所以只能在联网的情况下使用，如图 4-2-1 所示。

图 4-2-1 调用云端 API

项目实施

一、语音交互系统的开发流程

语音交互系统开发流程，如图 4-2-2 所示。

图 4-2-2 语音交互系统的开发流程

二、工具设备介绍

设备包括智能网联教学车、智能座舱测试装调台架、联机通信线，如图 4-2-3 所示；工具包括触控笔、安全帽、绝缘垫和工作手套等，如图 4-2-4 所示。

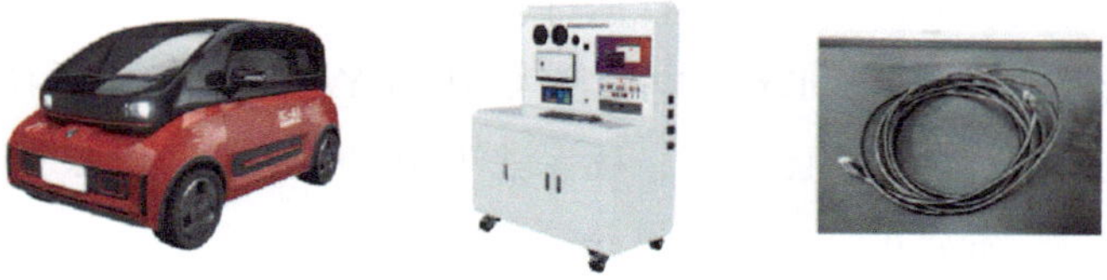

a）教学车　　b）智能座舱测试装调台架　　c）联机通信线

图 4-2-3 设备介绍

a）触控笔　　b）工作手套　　c）安全帽　　d）绝缘垫

图 4-2-4 工具及防护用品介绍

在本任务中，教学车是语音交互系统的载体；测试装调台架的作用是实现语音交互系统的编程；联机通信线连接车辆和测试装调台架，用于两者之间的数据通信。

三、作业前的检查

1. 安全与防护

1）规范着装入场（着装整洁、不戴首饰、挽起长发等）。
2）放置安全警示牌，正确设置安全围挡。
3）检查并穿戴工作手套和安全帽。

2. 工具的检查

1）外观结构应完整，表面不应有破损、变形、裂痕、生锈等问题。
2）触控笔使用功能应正常。

3. 线束外观的检查

线束包括智能座舱测试装调台架电源线、联机通信线。
1）外观结构应完整，表面不应有破损、变形、裂痕等问题。
2）连接针脚无损坏、变形或生锈。

4. 台架的检查

1）检查台架万向轮是否已锁止，确保万向轮处于锁止状态。
2）检查台架上的设备（鼠标和键盘）是否齐全。

5. 车辆的检查

1）绕车一周，检查两个阻车器是否放置在后轮的前后位置。
2）安装座椅、地板、方向盘、变速杆四件套。
3）踩住制动踏板，车辆 READY 上电，仪表 READY 灯点亮，且档位处于 P 位。
4）检查驻车制动指示灯是否已点亮，确保驻车制动处于制动状态。
5）检查车辆电量是否充足，确保电量充足。
6）关闭车辆。

四、语音交互系统的线路连接

1. 接线口的检查

1）检查联机通信线（与教学车连接端）接线口是否正常（针脚无损坏、变形或锈蚀），如图 4-2-5 所示。

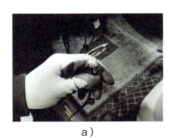 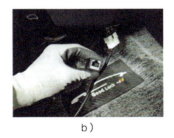

a)   b)

图 4-2-5　检查接线口（与教学车连接端）

2）检查联机通信线（与智能座舱测试装调台架连接端）接线口是否正常（针脚无损坏、变形或锈蚀），如图 4-2-6 所示。

图4-2-6 检查接线口(与智能座舱测试装调台架连接端)

2. 联机通信线的连接

正确连接教学车与台架的联机通信线,如图4-2-7所示。

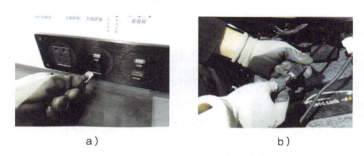

图4-2-7 联机通信线的连接

五、语音交互系统的编程

1. 启动车辆

车辆READY上电,仪表READY灯点亮,且档位处于P位,如图4-2-8所示。

图4-2-8 启动车辆

2. 启动台架和计算机

连接台架电源线并打开台架电源开关,启动台架计算机。

3. 打开编程文件

打开台架计算机"桌面/E300/task3"文件夹，右键单击 audio_rec.py 文件，用 Visual Studio Code 软件打开。

4. 语音交互系统的代码编写

编写代码，如图 4-2-9 所示，用于调用语音识别云平台接口及识别音频文件，实现刮水器、车窗、仿真香薰、仿真空调的语音控制。

1）访问语音识别接口。
2）调用函数录制音频文件。
3）以二进制可读的形式打开语音文件。
4）向语音识别接口发送语音文件。
5）将识别结果转换成 json 格式。

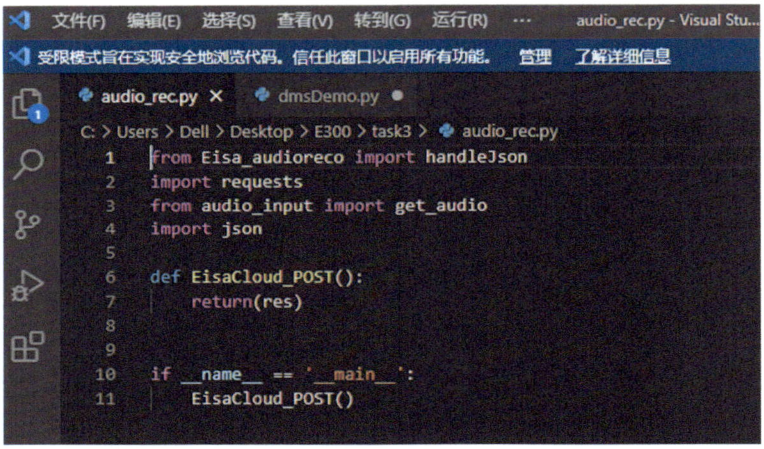

图 4-2-9 语音交互系统的代码编写

5. 保存代码

编程完成后，保存并关闭文件（可使用快捷键 <Ctrl+S>）。

六、语音交互系统的固件烧入

1. 打开智能座舱系统测试软件

在智能座舱系统测试软件界面上，单击"设置"图标 ⚙，单击 SSH 进入程序迁移界面，如图 4-2-10 所示。

2. 设置并连接网络

IP 输入"192.168.1.102"，Name 输入"e300"，Password 输入小写"root"，单击"连接"按钮，连接台架和车辆，如图 4-2-11 所示。

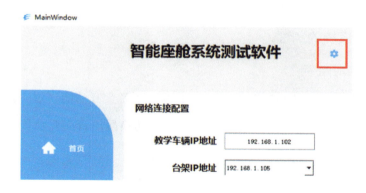

图4-2-10　单击"设置"图标

图4-2-11　设置并连接网络

3. 发送文件

单击"选择文件",选择语音交互系统的代码文件 audio_rec.py(文件的路径是:桌面/E300/task3),再单击"发送任务三文件",发送成功后,在窗口显示"传送成功",如图4-2-12所示。

图4-2-12　发送文件

七、语音交互系统的测试

1. 唤醒语音交互功能

在车辆中控屏上单击"传声器"图标 🎤，唤醒语音交互功能（过一段时间后需要重新唤醒），如图4-2-13所示。若弹出录音窗口，即成功唤醒语音交互功能。语音会转化成文字显示在录音窗口。

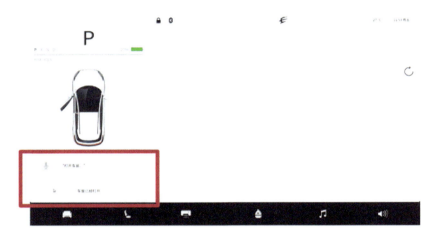

图4-2-13 唤醒语音交互功能

2. 语音控制功能测试

（1）语音控制刮水器　相应的语音控制指令："打开刮水器""关闭刮水器"。语音控制打开设备后，需复原设备。

（2）语音控制车窗　相应的语音控制指令："打开车窗""关闭车窗"。语音控制打开设备后，需复原设备。

（3）语音控制空调　相应的语音控制指令："打开空调""关闭空调"。语音控制打开设备后，需复原设备。

（4）语音控制仿真香薰　相应的语音控制指令："打开香薰""关闭香薰"。语音控制打开设备后，需复原设备。

八、整理清洁

1. 关闭台架

1）关闭测试软件。
2）关闭智能座舱测试装调台架上的计算机。
3）关闭智能座舱测试装调台架电源开关并拔出电源线。

2. 关闭车辆

关闭车辆，拔出车辆钥匙并放置在工作台上。

3. 拆卸联机通信线

拆卸连接车辆和台架的联机通信线。

4. 现场 6S

1）清洁整理线束。
2）清洁工具。
3）清洁整理工作台。
4）回收座椅、地板、方向盘、变速杆四件套。
5）清洁整理车辆和台架。

5. 回收安全与防护装备

1）脱下并整理安全帽和工作手套。
2）回收安全警示牌。
3）离场并恢复围挡。

复习题

一、判断题

1. 语音交互的英文缩写是 VUD。（　　）
2. 语音识别技术主要包括特征提取技术、信号预处理及信号匹配技术三个方面。（　　）
3. 语音交互系统主要包含特征提取、声学模型、语言模型以及字典与解码四大部分。
（　　）
4. 语音交互系统接收效率比较低，所以不建议用在智能座舱上。（　　）
5. 语音交互技术进入汽车领域，不仅可以解放驾驶人双手，方便驾驶，还能让驾驶人将注意力转向路面，提高安全性。（　　）

二、不定项选择题

1. 语音交互解析过程包括（　　）。
    A. 感知层　　B. 决策层　　C. 执行层　　D. 技术层
2. 以下哪些是语音交互技术的优势。（　　）
    A. 解放双手和双眼　　　　B. 更舒适的第三空间
    C. 使用门槛高　　　　　　D. 更自然的控制流程
3. 语音交互系统主要包含（　　）等部分。
    A. 特征提取　　B. 声学模型　　C. 语言模型　　D. 字典与解码

4. 语音识别技术主要包括（　　）等方面。
   A. 特征提取技术　　　　　　B. 对话管理
   C. 模式匹配准则　　　　　　D. 模型训练技术
5. 语音识别过程中，声音需要经过一些预处理，包括（　　）。
   A. 端点检测　　B. 降噪　　C. 回声消除　　D. 膨胀

三、简答题

1. 简述语音交互系统的工作原理。
   答：

2. 简述语音交互系统的优点。
   答：

项目五
视觉交互系统

- 学习任务一　触控交互系统的调试与测试
- 学习任务二　摄像头的拆装与标定
- 学习任务三　人脸识别系统的功能测试
- 学习任务四　手势识别系统的功能测试
- 学习任务五　DMS 的功能测试

学习任务一
触控交互系统的调试与测试

任务描述

本任务介绍什么是一机多屏技术，常见的一机多屏有哪些？教学车触控交互系统主要包括哪些部件，触控交互系统如何进行调试和测试。

触控交互系统的调试与测试

学习目标

知识目标
1) 能够列举出一机多屏技术发展的驱动因素。
2) 能够用自己的语言归纳出一机多屏技术的特点。
3) 能够掌握触控交互系统的调试与测试流程及方法。

技能目标
1) 能够用自己的语言解释说明一机多屏技术发展的驱动因素。
2) 具有触控交互系统的调试与测试能力。

素养目标
1) 严格执行企业 6S 管理制度。
2) 培养学生精益求精的大国工匠精神。

知识准备

一、一机多屏技术概念

在智能座舱中，屏幕作为展示内容和传递信息的重要载体，无论是在功能还是在外观和布局上，都在飞速发展和变革。

在座舱中实现多屏互动，各个屏幕之间实现信息的互联互通，而且还可以做到互不干涉，以及基于车联网，与手机、平板电脑等移动设备进行跨设备联动，都是为了给用户提供更好的驾驶体验和安全体验，如图 5-1-1 所示。

随着显示屏技术的不断成熟，汽车中控屏越来越大，清晰度越来越高，功能越来越丰富。传统仪表盘被全液晶屏取代，物理按键变为触控功能（图5-1-2），硬件的"虚拟化"设计，让未来座舱的显示充满了科技感。

图5-1-1　汽车上一机多屏应用　　　　图5-1-2　物理按键变成触控

二、一机多屏技术发展的驱动因素

1. 车内外感知和交互数据以及网络信息的多样化和复杂化

目前，车舱内的屏幕很多，包括仪表＋中控屏＋车辆控制屏＋前排乘客屏＋流媒体后视镜＋区域显示屏＋后排屏幕等设备。这些屏幕的设计，承载了不同的信息分布，每一个屏幕都有自己的任务和分工。

液晶显示屏＋中控屏＋功能控制屏＋HUD偏向驾驶员一侧（图5-1-3），方便驾驶员实时观看诸如车辆状态、导航信息、ADAS、接听电话和倒车影像等信息，通过分屏的方式（图5-1-4），把不同的信息分别在不同的屏幕上展现给驾驶员。在保证驾驶员能够快速扫描和理解屏幕内容的基础上，运用简洁易读的元素和一致的设计语言，减少驾驶员的认知负荷，降低驾驶员的注意力分散。

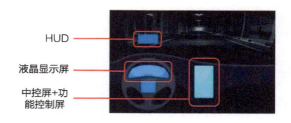

图5-1-3　驾驶员侧屏幕分布

a）HUD展现车速以及导航路线

b）仪表屏展现车辆状态信息

c）中控屏展现导航、影音娱乐以及附属设备功能按钮

图5-1-4　通过分屏把信息传递给驾驶员

前排乘客娱乐屏＋后排娱乐屏（图5-1-5），则为乘客提供了娱乐和周边信息等功能，这样驾驶员、前排乘客以及后排乘客就能使用单独的屏幕而不会互相干扰，满足了舱内不同乘客的乘车需求。

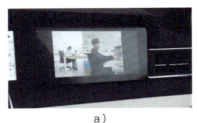 

a)　　　　　　　　　　b)

图5-1-5　娱乐屏

随着人们对于个性化和屏幕之间的交互性的需求逐渐增强，多屏融合的汽车座舱开始受到重视，这种融合包括各种功能的集成以及软硬件的集成。车载信息娱乐解决方案、驾驶信息、多功能信息显示、抬头显示器、高级驾驶辅助系统和车联网，都可通过易于操作的集成式人机交互界面进行访问。

例如，开关机、导航的多屏联动，可以实现不同位置用户显示屏之间的实时切换（如，驾驶员接到电话，不方便接通，轻轻一个手势，即可将电话转到前排乘客或后排乘客位置）；娱乐信息共享化也变得更为方便，可以将自己喜欢的视频、图片等分享给其他乘客，以实现屏幕的共享。

2. 消费者期望更智能、多线程、主动交互的车载娱乐系统

随着IT及消费电子产业的繁荣，用户可以充分享受平板电脑、智能手机等智能终端带来的丰富、优质的交互体验；用户对于这种体验形成习惯后，交互体验将会向汽车座舱蔓延，如可以在中控屏上玩游戏。为了满足用户对车载交互体验的新需求，车载中控屏正向着高清化、大屏化方向发展，如图5-1-6所示。屏幕信息能够根据用户的不同需求，在多屏间实现交互自由。

图5-1-6　高清化和大屏化

采用一机多屏技术，增加前排乘客以及后排娱乐系统，且 HMI 设计考虑更多同乘人的服务及体验需求，更加强化和完善娱乐及社交相关的信息及服务。同时提升驾驶员、前排乘客以及后排乘客的使用体验，如图 5-1-7 所示。

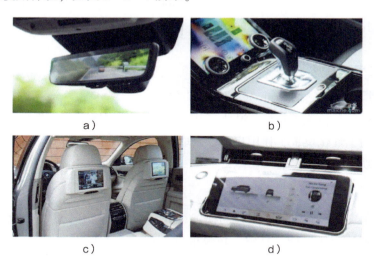

图 5-1-7　一机多屏应用

3. 集中式电子电气架构和车载计算平台支持了功能的实现

随着智能驾驶、智能网联的逐渐渗透，对于汽车的算力、处理能力等各方面都提出了更高的要求。以使用的手机为例，以前的照片可能只需要几十 KB 的储存空间，但是随着手机像素、照片分辨率越来越高，一张照片随随便便就几 MB，这就需要手机有更大的储存空间，因此现在手机内存都是 64GB、128GB 起步。随着所需要处理的数据越来越多，对应的手机芯片算力也越来越高。

随着智能座舱的屏幕和传感器数量越来越多，对数据处理和协同的需求也会越来越高。以域为单位的域控制器（DCU）的集成化架构利用处理能力强大的多核 CPU/GPU 芯片，相对集中地控制原本归属各个 ECU 的大部分功能，以此来取代传统的分布式架构，如图 5-1-8 所示。高效而安全的架构为一机多屏的推广和应用提供了保障。

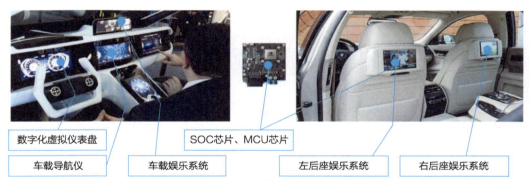

图 5-1-8　一机多屏通过 SOC 芯片和 MCU 芯片加以连接

4. 整车厂寻求差异化产品卖点并借此托举产品定位

从消费需求角度来看，产品差异包括消费者对类似产品的不同态度，产品差异的原因包括引起购买者决定购买某种产品而非另一种产品的各种原因。因此，不少整车厂寻求差异化产品卖点并借此托举产品定位。

三、一机多屏技术发展的特点

1. 信息的获取更直接、更全面

一机多屏使得信息传达更直接，减少了用户视线转移，增强了操作性，可以更好地提供帮助，实现更多的个性化设置，让用户可以获取更全面的信息（图5-1-9），可以多个任务同时执行，切换功能层级较多。

2. 屏幕形式多样化

各个车厂为了突出品牌，除了以往的横屏设计，从特斯拉开始，竖屏也为人们打开了一个新世界。不规则的形状设计，打破了传统的圆形仪表、方形中控屏和圆形方向盘的规则，让内饰设计有了更大的自由度，给人眼前一亮的美感。例如，竖屏、一字屏、七字屏、曲面屏（图5-1-10）、旋转屏、悬浮屏和车窗屏等，表现形式多样、自由，内饰设计更灵活。但目前主流屏幕形状主要还是以横屏或竖屏居多。

图5-1-9 获取信息更全面

图5-1-10 曲面屏

3. 提高行车安全性

增设了与驾驶安全相关的功能屏幕，如抬头显示器、透明A柱、电子后视镜、流媒体后视镜等，都可以专司某项感知功能，帮助驾驶员了解路况并提高行车安全，如图5-1-11所示。

屏幕色彩设计仍然采用较深的背景色，以确保其在不同场景下的应用，避免因阳光直射或夜间黑暗情况下看不清仪表。屏幕的主动交互，使其可以随着光线明暗度进行相应的调整，从而获得更好的可读性和更少的眩光。在遇到泥泞路段时，仪表颜色会产生微妙的改变，发生危险时，可以通过强烈的颜色变化来吸引驾驶员的注意，以保证行车安全。

项目五　视觉交互系统

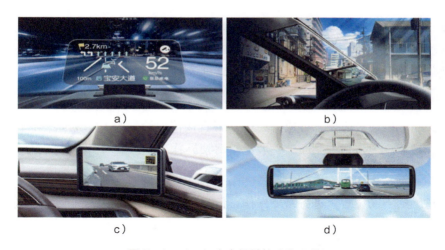

图 5-1-11　与安全相关的功能屏幕

4. 多屏跨终端无缝连接

多屏跨终端无缝连接提供了更多的交互可能性。多屏互联、跨屏操作和跨终端操作（如手机控制），乘客无论在座舱内哪个位置，都能获得好的交互体验，如图 5-1-12 所示。多屏联动不仅是屏幕的物理形式一体化，更是未来交互内容的一体化，面向驾驶员和乘客，通过信息交互，从五官角度提高座舱的用户体验，让汽车更舒适、更可靠。

图 5-1-12　宝马 7 系屏幕分布

四、一机多屏技术的应用

1. 本地多屏模式

驾驶员可根据自身需求，选择仪表盘屏幕的显示模式，乘客可以根据自己的需求调整不同屏幕上所展示的信息。

2. 异地多屏模式

用户可以实现手机、计算机和车机端三屏的信息交互。例如，在手机或计算机端提前规划好目的地、路径，开车前直接下发给车机。

3. 导航+风窗玻璃屏模式

风窗玻璃被赋予展示信息的属性,可以变成一面巨大的显示器,加载各种有用的信息辅助驾驶。例如,将导航信息从中控屏幕直接拖动到风窗玻璃屏进行展示。

4. 互动+驾驶侧面屏模式

信息的交互可以通过前排乘客或者后排乘客直接传递给驾驶员。例如,后排的乘客通过后座显示屏,把信息拖入驾驶侧面屏,展示给驾驶员看。

5. 全息管家的"走动"模式

利用全息屏的不同位置,进行跨屏操作,信息传递更加方便,如图5-1-13所示。

图5-1-13 全息管家

6. 手机娱乐+天窗显示屏模式

手机和汽车内所有屏幕都可以进行联动,手机娱乐系统会结合汽车的天窗显示屏,增加更多的娱乐性。例如,将电影、手游等投放到天窗显示屏,乘客躺在车里也可以享受大屏操作的快感。

五、一机多屏技术的发展趋势

1. 云计算+中央计算+显示终端的控制架构

这种架构通过强大的车载芯片实现统一控制。例如,麒麟芯片经历了寒武纪 IP 授权到自研崛起,主要应用于手机/车机等终端。

特斯拉 Model 3 的芯片架构支持多达 11 块屏幕的汽车多屏 HMI 解决方案。除了主控芯片,车载显示器的其他外围元器件也在为迎接多屏时代的到来进行升级。

传统的屏幕控制架构会占用有限的系统空间,采用一"芯"多屏的方案,可以有效降低设计复杂度,缩小方案尺寸,降低成本。

2. 多模式交互方案

未来的最佳交互方案必定是多模式交互(触控交互、视觉交互和手势识别)。用户可以设计个性化的交互界面和显示方式，使用最习惯的交互模式，更加强化和完善娱乐及与社交相关的信息及服务，同时提升驾驶员、前排乘客以及后排乘客的交互体验。

3. 从多屏发展到无屏

这种模式包括全息图像、3D虚拟图像、3D虚拟仪表等，由各种炫酷高科技组成，例如，智能界面、数字多层次仪表盘、环绕式全息中控台，还有悬浮在空中的数字和信息，甚至可以配备全息管家，全息投影可以改变车内的各种氛围。这种全息式的座舱，随着技术的发展，未来可以有更好的体验。全息式的虚拟座舱有更多模式的自由转换，可以根据心情或者驾驶模式随意地操控座舱内的全息环境，如基于面部识别或者手势控制等，拓展的科技方向自由度也更高。

在人工智能和物联网、新能源的加持下，未来将通过技术手段实现自然的、无意识的交互，从而最大化地完善座舱用户体验。

项目实施

一、触控交互系统的组成部分及调试与测试流程

1. 触控交互系统的组成部分

教学车触控交互系统主要包括中控屏、触控交互系统线束和工控机等，如图5-1-14所示。

图5-1-14　触控交互系统组成部分

（1）中控屏　触控交互系统的人机交互界面。

（2）工控机　控制中控屏的显示。

2. 触控交互系统的调试与测试流程

触控交互系统的调试测试流程，如图5-1-15所示。

图5-1-15　触控交互系统的调试与测试流程

二、工具设备介绍

设备包括智能网联教学车、智能座舱测试装调台架、联机通信线,如图 5-1-16 所示;工具包括无纺布、触控笔、安全帽、绝缘垫和工作手套等,如图 5-1-17 所示。

a)教学车　　　　b)智能座舱测试装调台架　　　c)联机通信线

图 5-1-16　设备介绍

a)安全帽　　　b)工作手套　　　c)无纺布　　　d)触控笔　　　e)绝缘垫

图 5-1-17　工具及防护用品介绍

在本任务中,教学车是触控交互系统的载体;测试装调台架的作用是调试触控交互系统;联机通信线连接车辆和测试装调台架,用于两者之间的数据通信。

三、作业前的检查

1. 安全与防护

1) 规范着装入场(着装整洁、不戴首饰、挽起长发等)。
2) 放置安全警示牌,正确设置安全围挡。
3) 检查并穿戴工作手套和安全帽。

2. 工具的检查

1) 外观结构应完整,表面不应有破损、变形、裂痕、生锈等问题。
2) 触控笔使用功能应正常。

3. 线束外观的检查

线束包括智能座舱测试装调台架(以下简称台架)电源线、联机通信线。

1) 外观结构应完整,表面不应有破损、变形、裂痕等问题。
2) 连接针脚应无损坏、变形或生锈。

4. 台架的检查

1) 检查台架万向轮是否已锁止,确保万向轮处于锁止状态。

2)检查台架上的设备(鼠标和键盘)是否齐全。

5. 车辆的检查

1)绕车一周,检查两个阻车器是否放置在后轮的前后位置。
2)安装座椅、地板、方向盘、变速杆四件套。
3)踩住制动踏板,车辆 READY 上电,仪表 READY 灯点亮,且档位处于 P 位。
4)检查驻车制动指示灯是否已点亮,确保驻车制动处于制动状态。
5)检查车辆电量是否充足,确保电量充足。

6. 中控屏的检查

1)使用触控笔将中控屏的亮度调到最暗和最亮,观察屏幕有无坏点。
2)使用触控笔点击中控屏各个触控按钮,测试触控功能是否正常。
3)观察中控屏显示是否正常,如图 5-1-18 所示。
4)关闭车辆。

图 5-1-18 中控屏的检查

四、触控交互系统的线路连接

1. 接线口的检查

1)检查联机通信线(与教学车连接端)接线口是否正常(针脚无损坏、变形或锈蚀),如图 5-1-19 所示。

 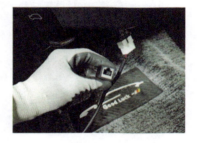

图 5-1-19 检查接线口(与教学车连接端)

2）检查联机通信线（与智能座舱测试装调台架连接端）接线口是否正常（针脚无损坏、变形或锈蚀），如图5-1-20所示。

图5-1-20 检查接线口（与台架连接端）

2. 联机通信线的连接

正确连接教学车与台架的联机通信线，如图5-1-21所示。

图5-1-21 连接通信线

五、触控交互系统的调试

1. 车辆READY上电

踩住制动踏板，车辆READY上电，仪表READY灯点亮，且档位处于P位，如图5-1-22所示。

图5-1-22 车辆READY上电

2. 启动台架和计算机

连接台架电源线并打开台架电源开关,启动台架计算机。

3. 触控交互系统的调试

1) 在台架计算机上打开智能座舱系统测试软件,单击"中控"进入中控屏显示功能的调试界面,如图 5-1-23 所示。

图 5-1-23 触控交互系统的调试界面

2) 在车辆中控屏上,找到并打开 EISAONCAR 软件,打开后会显示该软件界面,提示"等待指令中"。

3) 在台架计算机的触控交互系统的调试界面上,单击"开始测试",开始触控交互系统的调试(即中控屏的调试)。

4) 中控屏将显示一个白色矩形,使用触控笔准确点击白色矩形,如图 5-1-24 所示。点击后,台架测试软件界面上会显示刚刚点击的坐标数据,如图 5-1-25 所示。

图 5-1-24 白色矩形

5) 在中控屏的不同位置将依次显示剩下的九个白色矩形,依次点击剩下的九个白色矩形。每点击一次,在测试软件界面上都会显示对应的坐标数据,偏移量不超过 ±30 说明屏幕触控功能正常,此时偏移数据显示绿色。如果偏移量超过 ±30 说明屏幕触控功能异常,此时偏移数据则显示红色。

图 5-1-25 坐标数据

6）如需重新测试，单击"重新测试"按钮即可。

7）单击"退出软件"，关闭 EISAONCAR 软件。

4. 触控交互系统的测试

1）在中控屏下方单击"座椅"图标 ，进入座椅触控调节界面，如图 5-1-26 所示。

图 5-1-26 座椅触控调节界面

2）在中控屏座椅触控调节界面，单击"前进"按钮 ＜，查看智能座椅是否实时向前移动，如图 5-1-27 所示。

项目五 视觉交互系统

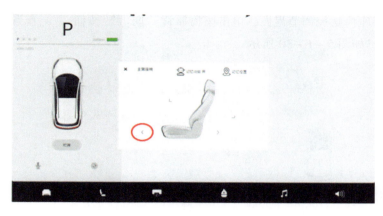

图 5-1-27 座椅触控调节-前进

3）在中控屏座椅触控调节界面，单击"后退"按钮 >，查看智能座椅是否实时向后移动，如图 5-1-28 所示。

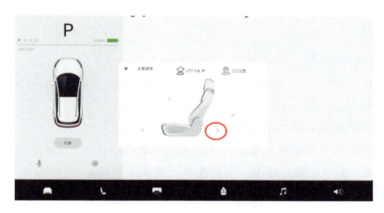

图 5-1-28 座椅触控调节-后退

4）在中控屏座椅触控调节界面，单击座椅靠背"向下"按钮 ，查看智能座椅靠背是否实时向下移动，如图 5-1-29 所示。

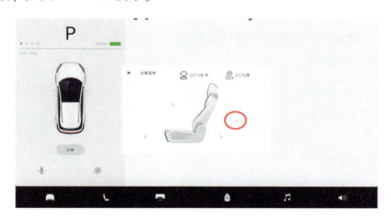

图 5-1-29 座椅触控调节-向下

5）在中控屏座椅触控调节界面，单击座椅靠背"向上"按钮，查看智能座椅靠背是否实时向上移动，如图5-1-30所示。

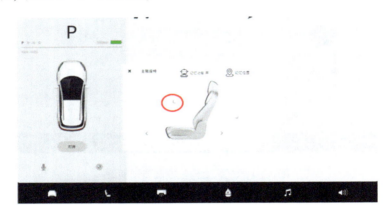

图5-1-30　座椅触控调节-向上

六、整理清洁

1. 触控交互系统的拆卸

（1）关闭台架

1）关闭测试软件。

2）关闭智能座舱测试装调台架上的计算机。

3）关闭智能座舱测试装调台架电源开关并拔出电源线。

（2）关闭车辆　关闭车辆，拔出车辆钥匙并放置在工作台上。

（3）拆卸联机通信线　拆卸连接车辆和台架的联机通信线。

2. 现场6S

1）清洁整理触控笔。

2）清洁整理线束。

3）清洁整理工作台。

4）回收座椅、地板、方向盘、变速杆四件套。

5）清洁整理车辆和台架。

3. 回收安全与防护装备

1）脱下并整理安全帽和工作手套。

2）回收安全警示牌。

3）离场并恢复围挡。

学习任务二
摄像头的拆装与标定

任务描述

在智能网联汽车中,视觉传感器就相当于人类的眼睛。本任务介绍教学车视觉传感器主要包括哪些部件及摄像头如何进行标定。

摄像头的拆装与标定

学习目标

知识目标

1)能够用自己的语言解释说明视觉传感器的定义、结构及特点。
2)能够掌握视觉传感器的拆装与标定的方法。

技能目标

1)通过学习能够列举出视觉传感器在智能网联车上的应用。
2)能够正确完成视觉传感器拆装与标定。

素养目标

1)严格执行企业装配标准流程。
2)严格执行企业 6S 管理制度。
3)培养严谨求实的工匠精神和热爱劳动的好品质。
4)培育学生的科学素养,强化学生工程伦理教育。

知识准备

一、视觉传感器的定义及鱼眼摄像头

1. 视觉传感器的定义

视觉传感器是指通过对摄像头拍摄到的图像进行处理,对目标进行检测,并输出数据和判断结果的传感器,如图 5-2-1 所示。视觉传感器在智能网联汽车或无人驾驶汽车上的应用是以摄像头的形式出现,并搭载先进的人工智能算法,便于目标检测和图像处理。

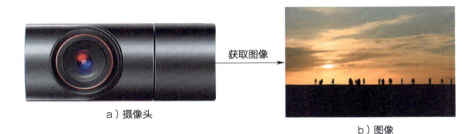

a）摄像头

b）图像

图5-2-1 视觉传感器

2. 鱼眼摄像头（180°广角）

鱼眼摄像头内置180°鱼眼镜头，监控范围可达180°，如图5-2-2所示。这种传感器获取的图像，通过摄像头内部主芯片对球面图像进行修正和图面展开的处理，转化为适合人眼的正常平面视图。

图5-2-2 鱼眼摄像头

二、视觉传感器的结构组成

视觉传感器主要由光源、镜头、图像传感器、模数转换器、图像处理器、图像存储器等组成，如图5-2-3所示。

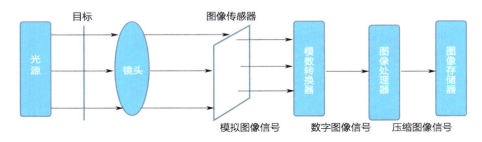

图5-2-3 视觉传感器的结构组成

三、视觉传感器的类型

视觉传感器在智能网联汽车上的应用是以摄像头方式出现的，一般分为单目摄像头、双目摄像头、三目摄像头和环视摄像头。

1. 单目摄像头

单目摄像头模组只包含一个摄像头和一个镜头，如图5-2-4所示。单目摄像头通过图像匹配进行目标识别（汽车、行人和物体等），再根据目标在图像中的大小估算目标距离。单目摄像头的优劣势见表5-2-1。

图5-2-4 车载单目摄像头

表 5-2-1 单目摄像头的优劣势

优势	（1）系统结构相对简单，成本较低 （2）算法成熟度高
劣势	（1）无法对非标准障碍物进行判断识别，需要不断更新和维护一个庞大的样本数据库，才能保证系统达到较高的识别率 （2）视野完全取决于镜头 （3）测距的精度低

2. 双目摄像头

人眼能够感知物体的远近，是由于两只眼睛对同一个物体呈现的图像存在差异，也称视差。物体距离越远，视差越小，反之，视差越大。双目摄像头测距原理与人眼类似，通过对图像视差进行计算，直接对前方景物进行距离测量，如图 5-2-5 所示。双目摄像头的优劣势见表 5-2-2。

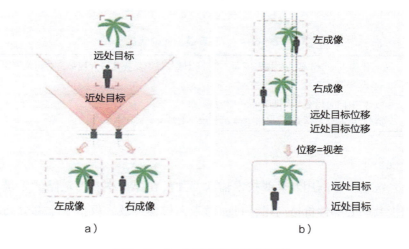

图 5-2-5 双目摄像头测距原理

表 5-2-2 双目摄像头的优劣势

优势	（1）没有识别率的限制，因为从原理上无须先进行识别再进行测算 （2）直接利用视差计算距离，精度比单目高 （3）无须维护样本数据库，因为对于双目没有样本的概念
劣势	（1）计算量非常大，对计算单元的性能要求非常高，这使得双目系统的产品化、小型化的难度较大 （2）双目视觉系统通过估计视差来测距，而视差是通过立体匹配算法得来的，立体匹配是计算机视觉典型的难题 （3）双目测距原理对两个镜头的安装位置和距离要求较高，标定难度大

3. 三目摄像头

三目摄像头诞生的目的是解决汽车前向测距的问题。三目摄像头其实就是三个不同焦距单目摄像头的组合,以对三个不同距离范围的障碍物进行摄影成像。例如,特斯拉安装在风窗玻璃下方的三目摄像头,三个摄像头的感知范围由远及近,分别为前视窄、前视主及前视宽视野摄像头,如图5-2-6所示。三目摄像头的优劣势见表5-2-3。

图5-2-6 特斯拉车载三目摄像头

表5-2-3 三目摄像头的优劣势

优势	三目摄像头每个摄像头的视野不同,每个摄像头都能发挥其最大优势,在定位测距方面感知范围更大,也更为准确
劣势	(1) 需要同时标定三个摄像头,工作量更大 (2) 软件部分需要关联三个摄像头的数据,对算法要求很高

4. 红外夜视系统

汽车夜视系统是一种利用红外线技术辅助驾驶员在黑夜中看清道路的系统,可以提高行驶安全性。由于其核心部件价格高昂,目前尚未大规模普及,仅搭载于部分高端豪华品牌车型。按技术分类,红外夜视可分为近红外夜视和远红外热成像,二者对比见表5-2-4。红外夜视系统的优劣势见表5-2-5。

表5-2-4 红外夜视分类及对比

技术分类	主动式(近红外夜视)	被动式(远红外热成像)
工作原理	采用红外光源发出的近红外线照射目标,依靠多套照射系统和摄像头来识别红外反射波。红外探测器接收目标反射的红外光线,通过ECU处理后输出到显示装置上	利用物体本身各部位的温差及物体与背景间的温差来成像
光源	主动光源补光	不需要光源
可视距离	400~500m	>500m
成像效果	(1) 稳定的图像质量 (2) 较冷的物体也可以看到 (3) 通过图像处理可提高清晰度 (4) 道路标志清晰可见	(1) 画面辨识度较低,道路标志很难看到 (2) 图像清晰度变化较大(取决于天气和时间段) (3) 图像与实际景象不完全符合

(续)

技术分类	主动式（近红外夜视）	被动式（远红外热成像）
成本	中等	较高
体积	中等	大
应用车型	奔驰 S 级、红旗 H7 等	宝马 7 系、奥迪 A6/A8/Q7 等

表 5-2-5 红外夜视系统的优劣势

优势	（1）具有全天候工作的能力，不依赖场景的光照条件，凡是温度高于绝对零度的物体，都会辐射红外线，可显著降低夜间驾驶风险 （2）可以穿过烟雾且作用距离远 （3）能够显示物体温度场
劣势	（1）分辨细节能力差，成像无颜色，单色深浅度区别很小，不利于开发以颜色信息为基础的二维图像平面算法，且不能透过透明的障碍物 （2）大多硬件系统功耗、成本较高 （3）无法测得目标物体深度距离和速度信息

四、视觉传感器的安装方式

按摄像头的安装位置不同，可分为前视、侧视、后视和内置四种。

1. 前视摄像头

前视摄像头一般简称为前摄像头，通常安装在前风窗玻璃、内后视镜处，如图 5-2-7 所示。前视摄像头是 ADAS 的核心摄像头，用于测距、识别物体、道路标线等。前视摄像头的摄像头数量并不固定，常见的是单目和双目摄像头，现今像特斯拉等车型使用的是三目摄像头。

2. 侧视摄像头

侧视摄像头通常安装在左右后视镜处或下方车身处，如图 5-2-8 所示。侧视摄像头主要用于盲点监测（BSD），根据安装位置又分为侧前视和侧后视。目前大部分主机厂会选择安装在汽车两侧的后视镜下方的位置，未来可能取代后视镜。

图 5-2-7 前视摄像头的安装位置

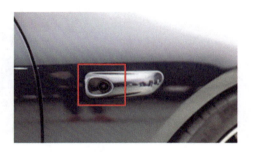

图 5-2-8 侧视摄像头的安装位置

3. 后视摄像头

后视摄像头一般安装在尾箱或后风窗玻璃上，如图 5-2-9 所示，主要用于倒车过程，便于驾驶员对车尾后面影像的捕捉，实现泊车辅助功能。

4. 内置摄像头

内置摄像头无固定安装位置，通常方向盘、内后视镜上方（图 5-2-10）、A 柱或仪表显示屏处均有。由于现有自动驾驶多为 L2 和 L3 级，还需要驾驶员干预，因此需要使用内置摄像头监测驾驶员驾驶状态，用于驾驶员监控系统（DMS）。现有的 DMS 解决方案主要是采用近红外摄像头的 AI 识别来完成。此外，还有部分厂商从 DMS 扩展到乘员监测系统（IMS），可以有效避免后排幼儿或儿童被遗忘在车内。

 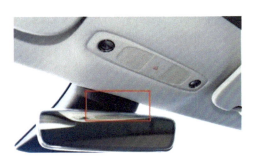

图 5-2-9　后视摄像头的安装位置　　　　图 5-2-10　内置摄像头的安装位置

5. 环视摄像头

环视摄像头通常是指车辆前后车标或格栅以及集成于左右后视镜上的一组摄像头，如图 5-2-11 所示。环视摄像头应用于全景式影像监控系统，可以识别停车通道标识以及监测道路情况和周围车辆状况，并在图像处理器中完成以下流程：畸变还原→视角转化→图像拼接→图像增强，最终形成一幅车辆四周无缝隙的 360°全景俯视图。

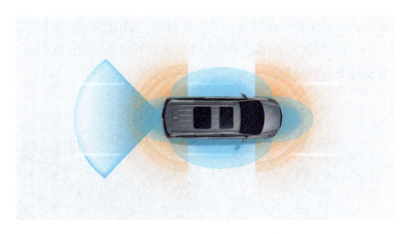

图 5-2-11　环视摄像头的安装位置

五、视觉传感器的特点

随着电子化、信息化与人工智能技术的发展,小型化和嵌入式的视觉传感器得到了广泛应用,人们可以从车载摄像头中获得更智能的结果,即通过摄像头获得视场感知驾驶环境。

1. 车载摄像头的优点

1)信息量极为丰富。可以获取物体颜色、距离、纹理、深度、形状等信息。

2)获取范围广。实现道路检测、车辆检测、行人检测、交通标志检测等。

3)制作工艺简单。相比于雷达,摄像头的本体结构和测试的复杂度都比较小,设计开发周期短,成本相对较低。

4)应用广泛。在智能网联汽车中包括前视、后视、侧视、内视和环视摄像头,各有各的实现功能。

2. 车载摄像头存在的缺点和局限性

1)受天气、光照变化影响大,极端恶劣天气下摄像头的检测功能会失效。

2)相比于激光雷达和毫米波雷达,摄像头的测距和测速性能差。

3)摄像头采集到的数据需要与样本进行匹配来完成识别,难以摆脱样本限制。

六、视觉传感器的应用

车载摄像头的特点使其成为智能网联汽车实现众多预警、识别类 ADAS 功能的基础,广泛应用于 ADAS 中,如图 5-2-12 所示。其主要的应用及功能介绍见表 5-2-6。

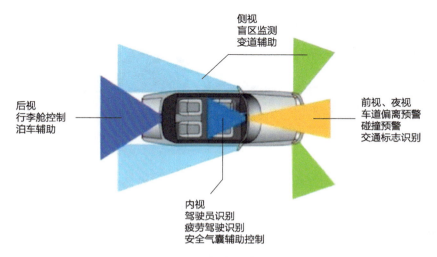

图 5-2-12 视觉传感器的应用

表 5-2-6 车载摄像头的应用及功能介绍

ADAS	摄像头	具体功能介绍
车道偏离预警系统	前视	当前视摄像头检测到车辆即将偏离车道线时发出警报
盲区监测系统	侧视	利用侧视摄像头将后视镜盲区的影像显示在后视镜或驾驶舱内
自动泊车辅助系统	后视	利用后视摄像头将车尾影像显示在驾驶舱内
全景泊车系统	环视	利用图像拼接技术将摄像头采集的影像组成周边全景图
驾驶员疲劳预警系统	内置	利用内置摄像头检测驾驶员是否疲劳、闭眼等
行人碰撞预警系统	前视	当前视摄像头检测到车辆与前方行人可能发生碰撞时发出警报
车道保持辅助系统	前视	当前视摄像头检测到车辆即将偏离车道线时通知控制中心发出指示，纠正行驶方向
交通标志识别系统	前视、侧视	利用前视、侧视摄像头识别前方和两侧的交通标志
前向碰撞预警系统	前视	当前视摄像头检测到与前车距离小于安全车距时发出警报

项目实施

一、视觉传感器的组成部分及拆装与标定流程

1. 视觉传感器的组成部分

视觉传感器组成部分主要包括视觉传感器总成、支架等，如图 5-2-13 所示。

图 5-2-13 视觉传感器的组成部分

2. 视觉传感器的拆装与标定流程

视觉传感器的拆装与标定流程，如图 5-2-14 所示。

图 5-2-14 视觉传感器的拆装与标定流程

二、工具设备介绍

设备包括智能网联教学车、智能座舱测试装调台架、摄像头、联机通信线，如图 5-2-15 所示；工具包括常用工具、触控笔、角度尺、固定螺钉、标定板、安全帽、绝缘垫和工作手套等，如图 5-2-16 所示。

在本任务中，教学车是视觉系统的载体；测试装调台架的作用是进行视觉传感器的标定；联机通信线连接车辆和测试装调台架，用于两者之间的数据通信。

a）教学车　　b）智能座舱测试装调台架　　c）摄像头　　d）联机通信线

图 5-2-15　设备介绍

a）常用工具　　b）触控笔　　c）角度尺　　d）固定螺钉

e）标定板　　f）安全帽　　g）工作手套　　h）绝缘垫

图 5-2-16　工具及防护用品介绍

三、作业前的检查

1. 安全与防护

1）规范着装入场（着装整洁、不戴首饰、挽起长发等）。

2）放置安全警示牌，正确设置安全围挡。

3）检查并穿戴工作手套和安全帽。

2. 工具的检查

1）外观结构应完整，表面不应有破损、变形、裂痕、生锈等问题。

2）两颗螺钉的螺纹应无滑牙或变形。

3）工具应齐全（触控笔、角度尺和套装工具等），使用功能正常。

3. 线束外观的检查

线束包括智能座舱测试装调台架电源线、联机通信线。

1）外观结构应完整，表面不应有破损、变形、裂痕等问题。

2）连接针脚应无损坏、变形或生锈。

4. 视觉传感器的外观检查

1）外观结构应整洁，表面不应有凹痕、划痕、裂缝、变形、毛刺等问题。

2）表面层不应起泡、龟裂、脱落。

3）镜头不应有气泡、划痕、裂纹、污物等缺陷。

4）台架上的支架应稳固，不应有脱落及摇晃。

5）连接针脚应无损坏、变形或生锈，如图 5-2-17 所示。

5. 台架的检查

1）检查台架万向轮是否已锁止，确保万向轮处于锁止状态。

图 5-2-17 视觉传感器的外观检查

2）检查台架上的设备是否齐全。

6. 车辆的检查

1）绕车一周，检查两个阻车器是否放置在后轮的前后位置。

2）安装座椅、地板、方向盘、变速杆四件套。

3）踩住制动踏板，车辆 READY 上电，仪表 READY 灯点亮，且档位处于 P 位。

4）检查驻车制动指示灯是否已点亮，确保驻车制动处于制动状态。

5）检查车辆电量是否充足，确保电量充足。

6）关闭车辆。

7. 视觉传感器线束的检查

1）在车辆上，检查视觉传感器线束，外观结构应完整，表面不应有破损、变形、裂痕等问题。

2）线束插头针脚应无损坏、变形或生锈等缺陷，如图 5-2-18 所示。

3）视觉传感器线束接口定义如图 5-2-19 所示。

图 5-2-18 视觉传感器线束的检查

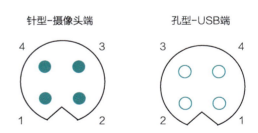

图 5-2-19 视觉传感器线束接口定义

四、联机通信线的连接

1）检查联机通信线（与教学车连接端）接线口是否正常（针脚无损坏、变形或锈蚀），如图 5-2-20 所示。

2）检查联机通信线（与智能座舱测试装调台架连接端）接线口是否正常（针脚无损坏、变形或锈蚀），如图 5-2-21 所示。

图 5-2-20　检查接线口（与教学车连接端）

图 5-2-21　检查接线口（与智能座舱测试装调台架连接端）

3）正确连接教学车与台架的联机通信线，如图 5-2-22 所示。

 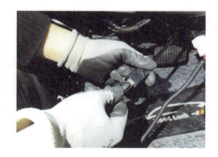

图 5-2-22　联机通信线的连接

五、视觉传感器在车辆上的装配

1. 调整摄像头的固定角度

安装之前，在工作台上使用角度尺调整摄像头到 60°并固定；将视觉传感器安装到台架上方的视觉传感器支架上，如图 5-2-23 所示。

2. 在车辆上安装摄像头

连接摄像头线束，然后把线塞到卡口里面，最后把摄像头卡到卡口里面，如图 5-2-24 所示。

图 5-2-23 将视觉传感器安装到台架上　　图 5-2-24 检查并连接视觉传感器线束

注意事项：因视觉传感器线束接口针型和孔型较小，拆装时当感觉到有卡滞时，应立刻停止操作，重新检查，避免损坏视觉传感器。

六、视觉传感器的标定

1. 启动台架和计算机

启动台架，然后再启动计算机。

2. 打开内参标定软件

打开 VMware 软件，进入主界面，如图 5-2-25 所示。

图 5-2-25 打开 VMware 软件

3. 开启虚拟机

单击 yolov5-autoware 文件夹，然后单击"开启此虚拟机"，启动 ubuntu 系统，如图 5-2-26 所示。

图 5-2-26 开启虚拟机

4. 进入 ubuntu 系统桌面

输入密码"root"，进入 ubuntu 系统桌面，如图 5-2-27 所示。

5. 在台架上进行视觉传感器的内参标定

内参标定需要准备标定板，用的是 11 角点×8 角点、棋盘格单格边长为 3.6cm 的专业标定板，比较精准，如图 5-2-28 所示。

图 5-2-27 进入系统桌面

图 5-2-28 标定板

（1）启动视觉传感器

1）单击菜单栏"虚拟机"→"可移动设备"→"MagTek Rmoncam A2 1080P"→"连接（断开与主机的连接）（C）"，连接视觉传感器，如图 5-2-29 所示。

注意事项：连接视觉传感器后，可以打开系统相机窗口，确定视觉传感器是否已连接。

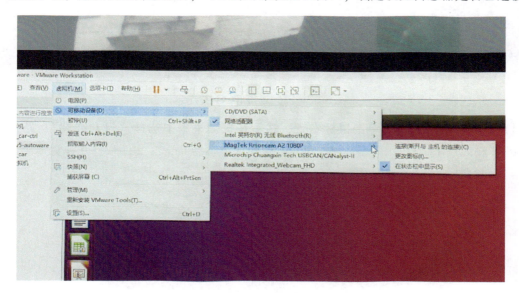
图 5-2-29 选择并连接视觉传感器

2）在窗口区域内单击鼠标右键，然后在快捷菜单中选择"打开终端"，如图 5-2-30 所示。

3）在终端窗口区域内输入以下命令并按 <Enter> 键，运行 ROS 主节点（注意这个窗口不用关闭），如图 5-2-31 所示。

```
roscore
```

图 5-2-30 打开终端

图 5-2-31 运行 ROS 主节点

4)再次在窗口区域内单击鼠标右键,然后在快捷菜单中选择"打开终端",新建一个"终端",输入以下命令并按<Enter>键,启动视觉传感器 launch 文件来打开视觉传感器,如图 5-2-32 所示。

```
roslaunchusb_camusb_cam-test.launch
```

图 5-2-32 视觉传感器画面

（2）打开标定工具

1）单击"文件夹"图标，在"HOME/ros + cam + lidar/autoware"文件夹中找到 ros 文件夹，在 ros 文件夹内空白处右键打开终端，输入以下命令并按 < Enter > 键，设置环境变量。

```
source devel/setup.bash
```

2）输入以下命令，启动标定工具，如图 5-2-33 所示。

```
rosrun autoware_camera_lidar_calibrator cameracalibrator.py --size 11x8 --square 0.036 image:=/usb_cam/image_raw
```

图 5-2-33 启动标定工具

（3）视觉传感器标定及保存 标定界面是黑白的，当拿出标定板对着视觉传感器时，它会自动识别标定板里面内角的参数并用其他颜色线条标注，如图 5-2-34 所示。

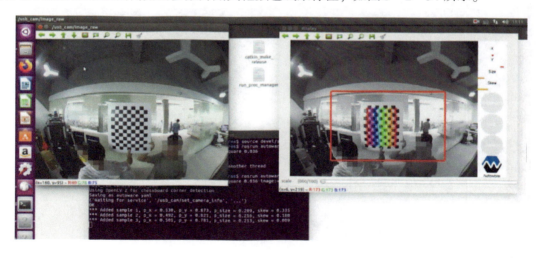

图 5-2-34 正常界面与标定界面对比

1）举起并移动标定板，当右上角的 X（移动到视觉传感器视野范围的最左边、最右边）、Y（移动到视觉传感器视野范围的最上方、最下方）、Size（移动标定板反复靠近、远离视觉传感器视野范围）、Skew（斜着拿标定板并不断改变标定板的角度）的进度条颜色变为绿色时（X、Y 和 Size 一起标定：保持标定板倾斜移动到视野的最左、最右、最上、最下），标定按钮 CALIBRATE 变为可使用状态，如图 5-2-35 所示。

图 5-2-35　调整参数直至绿色状态

2）单击 CALIBRATE 按钮即可计算内参矩阵（后台会进行计算，标定界面进入卡滞状态，并不是任务错误，切勿关闭窗口，画面会逐渐变成灰暗状态），在窗口会出现图 5-2-36 所示的界面。

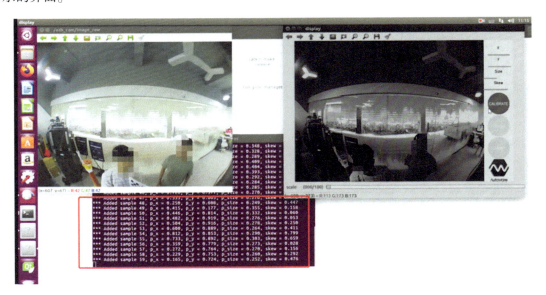

图 5-2-36　进入计算状态

3）等计算机后台计算完成后，窗口会出现视觉传感器矩阵数据（焦距参数，里面包含了 X、Y、S 坐标参数，还有畸变参数等），如图 5-2-37 所示。

4）单击 SAVE 按钮，在终端的打印信息出现保存路径，文件以当前系统日期和时间自动命名。如果想找回保存的文件，可以按照保存时间查找。

项目五 视觉交互系统

图 5-2-37 视觉传感器矩阵数据

5）保存完毕后，单击 COMMIT 按钮退出标定界面，使用快捷键 <Ctrl + C> 关闭视觉传感器实时同步窗口（标定后保存耗时较长，需等待。不能关闭终端窗口）。

6. 将内参参数复制到 json 文件

在终端窗口中，将 Camera matrix 的参数替换到"桌面/train/task2"的 json 文件 IntrinsicParameters 中，distCoeff 的参数替换到 Distortion 中，替换后保存 json 文件，如图 5-2-38 所示。

a）摄像头矩阵数据　　　　　　　　　　b）json 文件界面

图 5-2-38　将内参参数替换到 json 文件

七、视觉传感器的调试

1. 发送配置文件

1）先给车辆 READY 上电。

2）再启动台架和计算机。

3）运行智能座舱系统测试软件，单击"设置"图标 ⚙，单击 SSH，如图 5-2-39 所示。

121

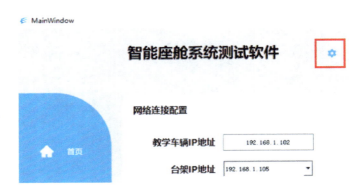

图 5-2-39　单击"设置"图标

4）IP 输入"192.168.1.102"，Name 输入"e300"，Password 输入小写"root"，单击"连接"按钮，连接台架和车辆，如图 5-2-40 所示。

图 5-2-40　设置网络并连接

5）单击"选择文件"，选择人脸识别系统的代码文件 config.json（文件的路径是：桌面/E300/task2），再单击"发送任务二文件"，发送成功后，在窗口显示"传送成功"，如图 5-2-41 所示。

图 5-2-41　发送的文件

2. 视觉传感器的调试

1）在车辆中控屏左下角单击"小车"图标 ▭，再单击"系统设置",如图 5-2-42 所示。

图 5-2-42　中控屏界面

2）单击"开启人脸识别",当看到清晰无畸变画面时,说明视觉传感器标定成功。然后单击"关闭人脸识别",如图 5-2-43 所示。

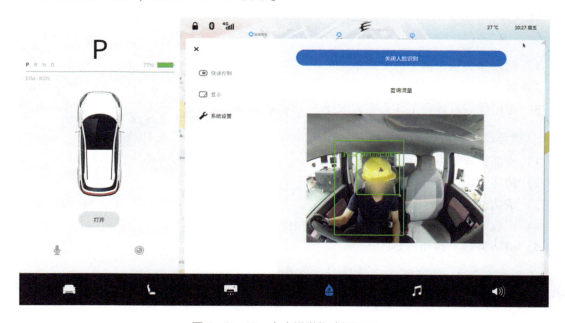

图 5-2-43　车内视觉传感器画面

3）调试完成后，在台架上一键还原车辆和台架，如图 5-2-44 所示。

图 5-2-44　还原车辆和台架

八、恢复设备及整理场地

1. 关闭台架

1）关闭软件。
2）关闭台架计算机。
3）关闭台架电源开关并拔出电源线。

2. 关闭车辆

关闭车辆，拔出车辆钥匙并放置在工作台上。

3. 拆卸联机通信线

拆卸连接车辆和台架的联机通信线。

4. 拆卸摄像头

1）把摄像头从车辆上的卡口中拔出。
2）拆卸摄像头的线束。
3）把摄像头放置在工作台上，如图 5-2-45 所示。

5. 现场 6S

1）清洁整理线束。
2）清洁整理工具。
3）清洁整理工作台。
4）回收座椅、地板、方向盘、变速杆四件套。
5）清洁整理车辆和台架。

图 5-2-45　拆卸摄像头

6. 回收安全与防护装备

1）脱下并整理安全帽和工作手套。
2）回收安全警示牌。
3）离场并恢复围挡。

学习任务三
人脸识别系统的功能测试

任务描述

人脸识别的应用变得越来越广泛,很多城市的火车站已经安装了人脸识别通行设备,进行人证对比过检,节省了大量的时间。除了火车站过安检外,人脸识别还广泛应用于手机银行人脸识别登录、人脸识别支付、小区安防、超市营销等各种生活场景。

本任务介绍如何进行人脸识别系统的开发及人脸识别系统开发完成之后如何进行测试。

人脸识别系统的调试与测试

学习目标

知识目标

1) 能够用自己的语言解释说明人脸识别系统的工作原理。
2) 能够正确完成人脸检测、人脸特征提取、人脸识别的代码编写。
3) 能够掌握人脸识别系统开发的编程步骤及方法。
4) 能够掌握人脸识别系统的测试步骤及方法。

技能目标

1) 能够用自己的语言说出人脸识别的流程。
2) 能够正确完成人脸识别系统开发和调试。

素养目标

1) 严格执行企业 6S 管理制度。
2) 激发学生科技报国的家国情怀与使命担当。

知识准备

一、人脸识别系统概述

1. 人脸识别系统的定义

人脸识别是基于人的脸部特征信息进行身份识别的一种生物识别技术。它是用摄像机或摄像头采集含有人脸的图像或视频流,并自动在图像中检测和跟踪人脸,进而对检测到的人脸进行脸部识别的一系列相关技术,通常也称作人像识别、面部识别,如图5-3-1所示。

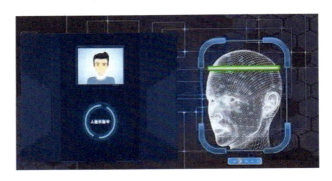

图5-3-1 人脸识别

2. 人脸识别系统的工作原理

人脸识别技术原理简单来讲主要有三大步骤。

1)建立一个包含大量人脸图像的数据库。

2)通过各种方式来获得当前要进行识别的目标人脸图像。

3)将目标人脸图像与数据库中既有的人脸图像进行比对和筛选。

人脸识别技术具体实施的技术流程主要包含以下四个部分,即人脸图像采集及检测、人脸图像预处理、人脸图像特征提取以及匹配与识别,如图5-3-2所示。

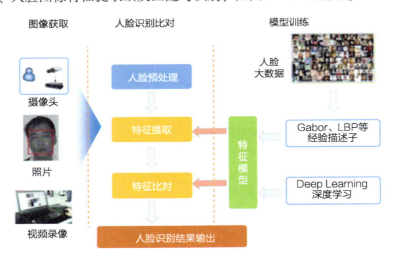

图5-3-2 人脸识别技术具体实施的技术流程

3. 人脸识别系统的特点

(1)人脸识别系统的优点 人脸与人体的其他生物特征(指纹、虹膜等)一样与生俱来,它的唯一性和不易被复制的良好特性为身份鉴别提供了必要的前提,与其他类型的生物识别比较人脸识别具有如下特点。

1）非强制性。人脸识别完全利用可见光获取人脸图像信息，用户不需要专门配合人脸采集设备，几乎可以在无意识的状态下就可获取人脸图像，这样的取样方式没有"强制性"。而指纹识别或者虹膜识别，需要利用电子压力传感器采集指纹，或者利用红外线采集虹膜图像，这些特殊的采集方式很容易被人察觉，从而更有可能被伪装欺骗。

2）非接触性。用户不需要和设备直接接触就能获取人脸图像，提高了数据采集的速度。

3）并发性。在实际应用场景下可以进行多个人脸的分拣、判断及识别。计算机系统能够同时处理多个请求，响应更快。

4）符合视觉特性。具有"以貌识人"的特性，以及操作简单、结果直观、隐蔽性好等特点。

（2）人脸识别系统的缺点

1）人脸的相似性。不同个体之间的区别不大，所有的人脸的结构都比较相似，甚至人脸器官的结构外形都很相似，如双胞胎。这样的特点对于利用人脸进行定位是有利的，但是对于利用人脸区分人类个体是不利的。

2）光照问题。光照问题是机器视觉的老问题，在人脸识别中的表现尤为明显。由于人脸的3D结构，光照投射出的阴影，会加强或减弱原有的人脸特征。

3）表情姿态问题。与光照问题类似，姿态问题也是目前人脸识别研究中需要解决的一个技术难点。姿态问题涉及头部在三维垂直坐标系中绕三个轴的旋转造成的面部变化，其中垂直于图像平面的两个方向的深度旋转会造成面部信息的部分缺失。

4）遮挡问题。对于非配合情况下的人脸图像采集，遮挡问题是一个非常严重的问题。特别是在监控环境下，往往被监控对象都会戴着眼镜、帽子等饰物，使得采集出来的人脸图像有可能不完整，从而影响了后面的特征提取与识别，甚至会导致人脸检测算法的失效。

5）年龄变化问题。随着年龄的变化，面部外观也在变化，特别是对于青少年，这种变化更加明显。对于不同的年龄段，人脸识别算法的识别率也不同。一个人从少年变成青年，变成老年，他的容貌可能会发生比较大的变化，从而导致识别率的下降。

6）其他问题。除了以上问题外，图像质量低、样本缺乏、海量数据和大规模的人脸识别等，对人脸识别算法的精确度也会造成一定的影响。

二、人脸检测概述

1. 人脸检测的定义

人脸检测是指对于任意一幅给定的图像，采用一定的策略对其进行搜索以确定其中是否含有人脸，如果是则返回脸的位置、大小和姿态，如图5-3-3所示。

图 5-3-3 人脸检测

2. 人脸检测的常用方法

(1) 基于外观的方法 用大量的人脸和非人脸样本图像进行训练,得到一个解决二分类问题的分类器,也称为人脸检测模板。这个分类器接受固定大小的输入图片,判断该输入图片是否为人脸,即解决"是和否"的问题。人脸二分类器的原理如图 5-3-4 所示。

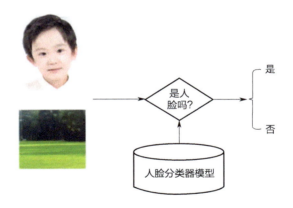

图 5-3-4 人脸检测模板

(2) 基于图像的方法 该方法尝试通过图像中的例子学习建立模板。因此,基于图像的方法依靠机器学习和统计分析技术来寻找"人脸"和"无人脸"图像的相关特征。学习到的特征以分布模型或判别函数的形式用于人脸检测任务。基于图像的方法包括神经网络(CNN)、支持向量机(SVM)或 AdaBoost,如图 5-3-5 所示。

(3) 基于特征的方法 基于特征的方法(Feature-Based Methods)不仅可以从已有的面部特征,并且还可以从它们的几何关系进行人脸检测,它主要依赖于识别人脸的不变特征。

目前已经有许多先检测人脸面部特征,后推断人脸是否存在的方法。面部特征如眉毛、眼睛、鼻子、嘴和发际等,一般利用边缘检测器提取。根据提取的特征,建立统计模型描述特征之间的关系并确定是否存在人脸。

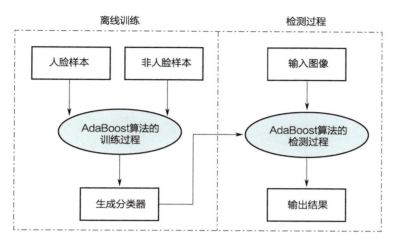

图 5-3-5 AdaBoost 检测方法

基于特征的算法存在的问题是,由于光照、噪声和遮挡等使图像特征被严重破坏,人脸的特征边界被弱化,阴影可能引起很强的边缘,而这些边缘可能使得算法难以使用。

(4) 模板匹配的方法 Sakai 等人用眼睛、鼻子、嘴和人脸轮廓等子模板建模,检测照片中的正面人脸。每一个子模板按照线分割定义,基于最大梯度变化提取输入图像的线,然后与子模板匹配。计算子图像和轮廓模板之间的相互关系,检测人脸的候选区域,完成计算后,与其他子模板在候选区进行匹配。

Craw 等人提出了一种基于正面人脸的形状模板,即人脸的外形定位方法。用 Sobel 算子提取边缘,将边缘组织在一起,根据几个约束条件去搜索人脸模板在头部轮廓定位。

Govindaraju 等人提出了两个阶段的人脸检测方法。人脸模型根据边缘定义的特征构成,这些特征描述了正面人脸的左边、发际和右边的曲线。人脸必须是垂直、无遮挡和正面的。

(5) 基于肤色的方法 在彩色图像中,人脸的肤色是一个区别于非脸的很显著的特征,基于肤色的方法就是利用人脸肤色进行图像的分割和人脸的检测。肤色是识别人脸的关键信息,它不依赖于面部的细节特征,在人脸旋转、表情变化等情况下都具有适应性,有相对的稳定性,并且能和大多数背景物体的颜色相区别,显示出对速度和姿态变化的不敏感性。因此,该方法广泛应用于复杂背景中的人脸检测,一些检测算法取得了较好的检测效果。但存在的问题是,由于光照、噪声和遮挡等,使图像特征被严重破坏,肤色特征被弱化,可能使得算法难以使用。

三、人脸特征提取

1. 人脸特征提取的定义

人脸特征提取是指对人脸的器官特征、纹理区域和预定义的特征点进行定位和提取。

人脸特征点通常会标识出脸部的数个区域,如右眼眉毛、左眼眉毛、右眼、左眼、嘴巴、鼻子、下巴,如图 5-3-6 所示。

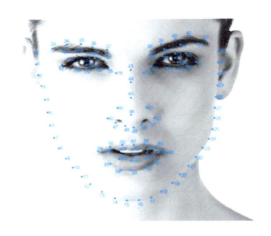

图5-3-6 人脸特征点

2. 人脸特征提取的常用方法

（1）HOG特征提取

1）HOG特征提取的定义。方向梯度直方图（Histogram of Oriented Gradient，HOG）特征是一种在计算机视觉和图像处理中用来进行物体检测的特征描述子。它通过计算和统计图像局部区域的梯度方向直方图来构成特征。

2）HOG特征提取实现方法。

①灰度化处理。将彩色图像转化为灰度图像。

②计算每个像素的梯度（大小、方向）。

③将图像分成小单元格，每3×3个单元格组成一个块。

④统计每个单元格的梯度直方图，每个单元格都有一个特征。

⑤每个单元格的特征串起来得到块的特征。

⑥将每个块的特征串起来归一化后便得到整张图片的特征，如图5-3-7所示。

（2）基于Dlib库提取人脸图像特征

1）Dlib库简介。Dlib库是一个机器学习的开源库，包含了机器学习的很多算法，使用起来很方便，直接包含头文件即可，并且不依赖于其他库（自带图像编解码、库源码）。

2）基于Dlib库实现人脸特征提取的过程。

①使用人脸检测器检测人脸来获得人脸框。

②定义Dlib的特征点预测器。Dlib提供了两种特

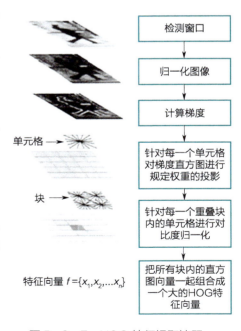

图5-3-7 HOG特征提取流程

征点的预测器，分别能够得到人脸的 5 个和 68 个特征点。

③将原始图像和检测到的每个人脸框传给预测器，得到每个人脸的多个关键点，如图 5-3-8 所示。

图 5-3-8　Dlib 人脸特征点模型

④使用官方训练好的模型文件，定义 Dlib 的人脸识别模型。

⑤调用 Dlib 人脸识别模型，传入原始图像和每张人脸的关键点位置，计算人脸特征。

（3）基于深度学习的人脸特征提取　加载深度学习模型卷积神经网络（Convolutional Neural Networks，CNN）实现人脸的检测，然后继续使用 Dlib 库提取人脸特征。

四、人脸图像匹配与识别

人脸图像匹配与识别的过程是：将提取的人脸图像的特征数据与数据库中存储的特征模板进行搜索匹配，设定一个阈值，对比相似度和阈值，并输出相似度超过阈值的匹配结果。人脸识别就是将待识别的人脸特征与已得到的人脸特征模板进行比较，根据相似程度对人脸的身份信息进行判断。

这一过程又分为两类：一类是确认，是一对一进行图像比较的过程。是指证明"你就是你"，一般用在金融的核实身份和信息安全领域。

另一类是辨认，是一对多进行图像匹配对比的过程。是指在 N 个人中找到你，一般 N 可以是一个视频流，只要人走进识别范围就完成识别工作，一般用在安防领域。

五、基于 OpenCV 的人脸识别系统

1. OpenCV 的简介

OpenCV 是一个基于 Apache2.0 许可（开源）发行的跨平台计算机视觉和机器学习软件库，可以运行在 Linux、Windows、Android 和 Mac OS 操作系统上。它轻量级而且高效——由

一系列 C 函数和少量 C++ 类构成，同时提供了 Python、Ruby、MATLAB 等语言的接口，实现了图像处理和计算机视觉方面的很多通用算法。

2. 基于 OpenCV 的人脸识别流程

（1）人脸采集　提取人脸并保存。

（2）人脸图片预处理　预处理过程主要包括人脸图像的光线补偿、灰度变换、直方图均衡化、归一化、几何校正、滤波以及锐化等。

（3）人脸图像特征提取　边缘特征、线性特征、中心特征和对角线提取。

（4）训练图片　创建一个人脸识别数据库，对人脸识别系统进行训练。

（5）读取图片　读取用于检测的图片、平均人脸、调用 OpenCV 函数，确定输入图片与相似图片可信度。

项目实施

一、人脸识别系统的开发流程

人脸识别系统的开发流程，如图 5-3-9 所示。

图 5-3-9　人脸识别系统的开发流程

二、工具设备介绍

设备包括智能网联教学车、智能座舱测试装调台架、摄像头、联机通信线，如图 5-3-10 所示；工具包括安全帽、触控笔、绝缘垫和工作手套等，如图 5-3-11 所示。

a）教学车　　b）智能座舱测试装调台架　　c）摄像头　　d）联机通信线

图 5-3-10　设备介绍

a）安全帽　　b）触控笔　　c）工作手套　　d）绝缘垫

图 5-3-11　工具及防护用品介绍

在本任务中，教学车是人脸识别系统的载体；测试装调台架的作用是调试人脸识别系统；联机通信线连接车辆和测试装调台架，用于两者之间的数据通信。

三、作业前的检查

1. 安全与防护

1）规范着装入场（着装整洁、不戴首饰、挽起长发等）。
2）放置安全警示牌，正确设置安全围挡。
3）检查并穿戴工作手套和安全帽。

2. 工具的检查

1）外观结构应完整，表面不应有破损、变形、裂痕、生锈等问题。
2）触控笔使用功能应正常。

3. 线束外观的检查

线束包括智能座舱测试装调台架电源线、联机通信线。
1）外观结构应完整，表面不应有破损、变形、裂痕等问题。
2）连接针脚应无损坏、变形或生锈。

4. 台架的检查

1）检查台架万向轮是否已锁止，确保万向轮处于锁止状态。
2）检查台架上的设备（鼠标和键盘）是否齐全。

5. 车辆的检查

1）绕车一周，检查两个阻车器是否放置在后轮的前后位置。
2）安装座椅、地板、方向盘、变速杆四件套。
3）踩住制动踏板，车辆 READY 上电，仪表 READY 灯点亮，且档位处于 P 位。
4）检查驻车制动指示灯是否已点亮，确保驻车制动处于制动状态。
5）检查车辆电量是否充足，确保电量充足。
6）关闭车辆。

四、人脸识别系统的线路连接

1. 接线口的检查

1）检查联机通信线（与教学车连接端）接线口是否正常（针脚无损坏、变形或锈蚀），如图 5-3-12 所示。
2）检查联机通信线（与智能座舱测试装调台架连接端）接线口是否正常（针脚无损坏、变形或锈蚀），如图 5-3-13 所示。

图 5-3-12　检查接线口（与教学车连接端）

图 5-3-13　检查接线口（与智能座舱测试装调台架连接端）

2. 联机通信线的连接

正确连接教学车与台架的联机通信线，如图 5-3-14 所示。

图 5-3-14　联机通信线的连接

五、人脸识别系统的编程

1. 启动车辆

车辆 READY 上电，仪表 READY 灯点亮，且档位处于 P 位，如图 5-3-15 所示。

2. 启动台架和计算机

连接台架电源并打开台架电源开关，启动台架计算机。

3. 打开人脸识别代码文件

在"桌面/E300/task2"文件夹中，右键单击 faceDemo.py 人脸识别代码文件，如图 5-3-16

所示，用 Visual Studio Code 软件打开，进入代码编写界面。

图 5-3-15　启动车辆

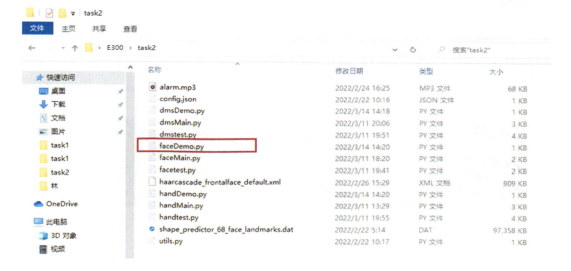

图 5-3-16　打开 faceDemo.py 人脸识别代码

4. 代码编写

1）编写代码，用于选择正确的人脸分类器，如图 5-3-17 所示。
2）编写代码，用于实现人脸检测，如图 5-3-18 所示。

图 5-3-17　选择正确的人脸分类器　　　　图 5-3-18　检测人脸

3）编写代码，用于实现人脸判断，如图 5－3－19 所示。

4）完成代码编写后，按 < Ctrl + S > 键保存，然后关闭文件。

```python
#判断人脸
def isFace(faceRects):
    faceF=0

    return faceF
```

图 5－3－19　判断人脸

5. 在台架上进行人脸识别功能调试

1）打开 Anaconda Prompt 软件。

2）输入以下命令并按 < Enter > 键，进入人脸识别专用虚拟环境，如图 5－3－20 所示。

```
Anaconda Prompt (anaconda3)
(base) C:\Users\Dell>conda activate e300
```

图 5－3－20　进入人脸识别专用虚拟环境

3）输入以下命令并按 < Enter > 键，进入人脸识别项目文件夹，如图 5－3－21 所示。

```
Anaconda Prompt (anaconda3)
(base) C:\Users\Dell>conda activate e300
(e300) C:\Users\Dell>cd C:\Users\Dell\Desktop\E300\task2
```

图 5－3－21　进入人脸识别项目文件夹

4）输入以下命令并按 < Enter > 键，用于运行 faceMain. py 主程序，如图 5－3－22 所示。运行程序后会弹出摄像头录制的实时画面。

```
Anaconda Prompt (anaconda3)
(base) C:\Users\Dell>conda activate e300
(e300) C:\Users\Dell>cd C:\Users\Dell\Desktop\E300\task2
(e300) C:\Users\Dell\Desktop\E300\task2>python faceMain.py
```

图 5－3－22　运行 faceMain. py 主程序

5)当摄像头检测到人脸后,计算机屏幕上会出现方框并出现"Face Detect OK!"提示,说明在台架上人脸识别功能的调试成功。调试效果如图 5-3-23 所示。

6)调试完成后,按<q>键(注意需要切换为英文输入法)关闭 Anaconda Prompt 软件。

六、人脸识别系统的固件烧入

1. 打开智能座舱系统测试软件

在智能座舱系统测试软件界面上单击"设置"图标 ,单击 SSH 进入程序迁移界面,如图 5-3-24 所示。

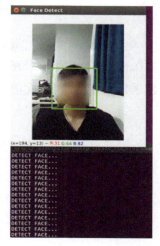

图 5-3-23 台架运行效果图

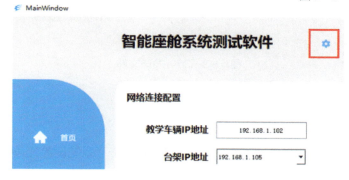

图 5-3-24 单击"设置"图标

2. 设置并连接网络

IP 输入"192.168.1.102",Name 输入"e300",Password 输入小写"root",单击"连接"按钮,连接台架和车辆,如图 5-3-25 所示。

图 5-3-25 设置并连接网络

3. 发送文件

单击"选择文件",选择摄像头的内参参数文件 config.json、人脸识别系统的代码文件 faceDemo.py(以上文件的路径都是:桌面/E300/task2,可以同时选择全部文件),再单击"发送任务二文件"。发送成功后,在窗口显示"传送成功",如图 5-3-26 所示。

图 5-3-26 发送文件

七、人脸识别系统的测试

1. 测试人脸识别系统

1)在车辆中控屏左下角单击"小车"图标 ,再单击"系统设置",如图 5-3-27 所示。

图 5-3-27 中控屏界面

2)人脸识别打开香薰的测试。在进行人脸识别打开香薰测试前,需要关闭车门。

①在车辆中控屏上单击"开启人脸识别",当"香薰"图标由白色变成蓝色时,说明人脸识别打开香薰功能测试成功。

②单击"关闭人脸识别"。

2. 还原车辆和台架

测试完成后,在台架上一键还原车辆和台架,如图 5-3-28 所示。

图 5-3-28 还原车辆和台架

八、整理清洁

1. 关闭台架

1)关闭测试软件。

2)关闭智能座舱测试装调台架上的计算机。

3)关闭智能座舱测试装调台架电源开关并拔出电源线。

2. 关闭车辆

关闭车辆,拔出车辆钥匙并放置在工作台上。

3. 拆卸联机通信线

拆卸连接车辆和台架的联机通信线。

4. 现场 6S

1)清洁整理线束。

2)清洁工具。

3)清洁整理工作台。

4)回收座椅、地板、方向盘、变速杆四件套。

5)清洁整理车辆和台架。

5. 回收安全与防护装备

1)脱下并整理安全帽和工作手套。

2)回收安全警示牌。

3)离场并恢复围挡。

学习任务四
手势识别系统的功能测试

任务描述

长期以来,手势一直被认为是一种可以提供更自然、更有创意和更直观的与计算机进行通信的交互方式,或许很快,驾驶员只需要挥一挥手,就可以随意打开窗户或者空调。此类汽车通过车载摄像头识别特定手势,以此来替代汽车仪表盘上的各种旋钮和按钮。

本任务介绍如何进行手势识别系统的开发及手势识别系统开发完成之后如何进行测试。

学习目标

知识目标

1) 能够列举出手势识别在智能座舱中的应用。
2) 能够用自己的语言解释说明手势识别的工作原理及关键技术。
3) 能够正确运用基于 MediaPipe 的手势识别系统实现手势识别的方法与步骤。
4) 能够掌握手势识别系统的测试步骤及方法。

技能目标

1) 能够用自己的语言说出手势识别的基本流程。
2) 能够正确完成手势识别系统开发与调试。

素养目标

1) 培养严谨求实的工匠精神和热爱劳动的好品质。
2) 引导学生增强民族自信心,坚定文化自信。

知识准备

一、手势识别系统的定义

在计算机科学中,手势识别是通过数学算法来识别人类手势的一个学科。手势识别可以来自人身体各部位的运动,但一般是指脸部和手的运动,手部特征点如图5-4-1所示。用户可以使用简单的手势来控制或与设备交互,让计算机理解人类的行为。

二、手势识别系统的基本原理及关键技术

手势识别的核心技术为手势分割、手势分析以及手势识别。

手势无论是静态或动态,其基本工作原理是:图像的获取、手势检测和分割、手势分析,然后进行静态或动态的手势识别,如图5-4-2所示。

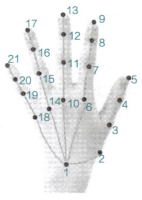

图5-4-1 手部特征点

图5-4-2 手势识别系统的流程

1. 手势分割

手势分割是手势识别过程中关键的一步,手势分割的效果直接影响到下一步手势分析及最终的手势识别。目前最常用的手势分割法主要包括基于单目视觉的手势分割和基于立体视觉的手势分割,如图5-4-3所示。

图5-4-3 手势分割的分类

(1)基于单目视觉的手势分割　单目视觉通过一个图像采集设备获得手势,得到手势的平面模型,如图5-4-4所示。建立手势形状数据库的方法是将能够考虑到的所有手势保存,利用手势的模板进行匹配,但其计算量随之增加,不利于系统的快速识别。

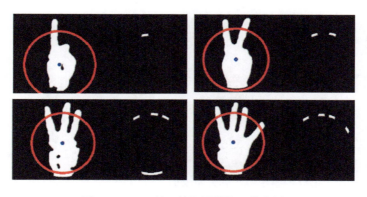

图5-4-4 基于单目视觉的手势分割

(2)基于立体视觉的手势分割　立体视觉通过多个图像采集设备得到手势的不同图像,再转换成立体模型。立体匹配的方法与单目视觉中的模板匹配方法类似,也要建立大量的手

势库；而三维重构则需建立手势的三维模型，计算量将增加，但分割效果较好。

2. 手势分析

手势分析是完成手势识别的关键技术之一。通过手势分析，可获得手势的形状特征或运动轨迹。手势的形状和运动轨迹是动态手势识别中的重要特征，与手势所表达意义有直接的关系。手势分析的主要方法有以下几类：边缘轮廓提取法、质心手指等多特征结合法以及指关节式跟踪法等。图5-4-5所示为指关节式跟踪法。

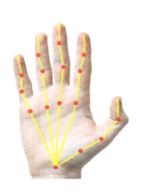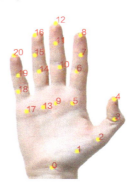

图5-4-5　指关节式跟踪法

3. 手势识别

手势识别是将模型参数空间里的轨迹（或点）分类到该空间里某个子集的过程。其包括静态手势识别和动态手势识别，动态手势识别最终可转化为静态手势识别，如图5-4-6所示。从手势识别的技术实现来看，常见的手势识别方法主要有模板匹配法、神经网络法和隐马尔可夫模型法。

图5-4-6　手势识别

三、基于 MediaPipe 框架实现手势识别

1. MediaPipe 概述

MediaPipe 是一款由 Google Research 开发并开源的多媒体机器学习模型应用框架。谷歌的一系列重要产品，如 YouTube、Google Lens、ARCore、Google Home 以及 Nest，都已深度整合

了 MediaPipe。

MediaPipe 可以进行物体检测、自拍分割、头发分割、人脸检测、手部检测、运动追踪等，如图 5-4-7 所示，并且基于此可以实现更高级的功能。

图 5-4-7　MediaPipe 的应用

2. 基于 MediaPipe 框架实现手势识别的基本流程

（1）感兴趣区域设置　为了避免在手势识别过程中出现误操作的问题，需要设置感兴趣区域，如图 5-4-8 所示。只对感兴趣区域内部的手势进行手势识别操作。所以，需要自行设定感兴趣区域的范围。感兴趣区域设置得过大会导致误操作概率变大，感兴趣区域设置得过小则会使手势识别的条件过于苛刻。

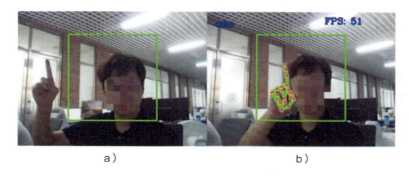

图 5-4-8　感兴趣区域设置

（2）特征点距离计算　为了判断每根手指是弯曲状态还是伸直状态，需要用到部分特征点之间的距离计算。如图 5-4-9 所示，如果 0 号点到 5 号点之间的距离大于 0 号点到 8 号点之间的距离，则判断食指是弯曲状态，否则是伸直状态。

（3）手势判断　在已经知道如何判断每个手指的状态信息之后，通过这些信息的组合就可以得到五根手指的当前状态信息。例如，数字 1 的手势为"食指伸直，其余手指弯曲"，据此就可以逐个判断每根手指的状态，如果五根手指状态均能匹配，

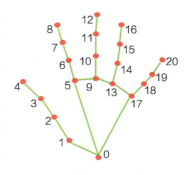

图 5-4-9　特征点距离计算

则当前手势为数字1。

每只手的当前状态在代码中以一个名为 result 的列表呈现。例如，[0，1，1，0，1]，从左到右分别对应大拇指到小拇指的状态信息，0为弯曲，1为伸直，如图5-4-10所示。

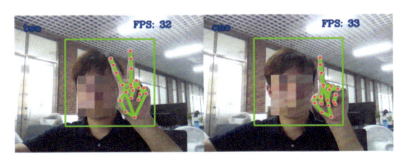

图5-4-10 手势判断

（4）FPS 计算 为了验证算法的实时性，通常会引入FPS 这一概念。在这里 FPS 指的是每秒能够处理的图片张数。常用摄像头的视频流 FPS 为30，即1s摄像头可以采集到30张图片，如图5-4-11所示。也就是说算法的处理性能要达到每秒30张以上才能说"能够满足实时检测的需求"。

算法 FPS 的高低受摄像头分辨率、算法复杂度、计算设备算力等多方面因素影响。

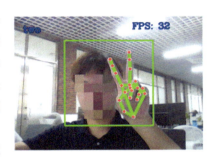

图5-4-11 FPS 计算

四、手势识别系统的特点

1. 手势识别系统的优点

图5-4-12所示为手势识别的优点。

图5-4-12 手势识别的优点

2. 手势识别系统的缺点

图5-4-13所示为手势识别的缺点。

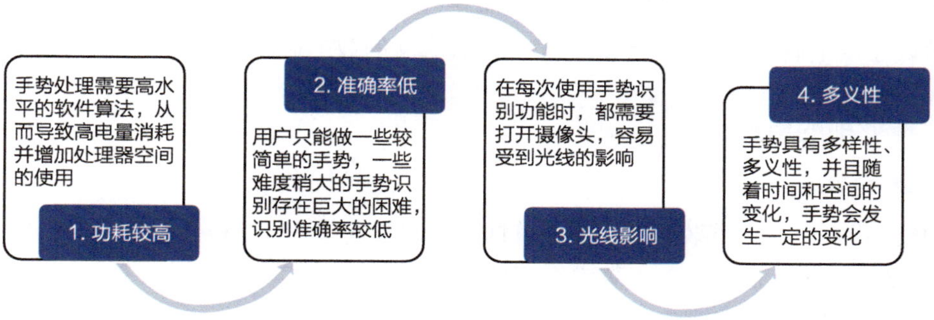

项目五 视觉交互系统

图 5-4-13 手势识别的缺点

项目实施

一、手势识别系统的开发流程

手势识别系统的开发流程，如图 5-4-14 所示。

图 5-4-14 手势识别系统的开发流程

二、工具设备介绍

设备包括智能网联教学车、智能座舱测试装调台架、摄像头、联机通信线，如图 5-4-15 所示；工具包括安全帽、触控笔、绝缘垫和工作手套等，如图 5-4-16 所示。

a）教学车　　b）智能座舱测试装调台架　　c）摄像头　　d）联机通信线

图 5-4-15 设备介绍

a）安全帽　　b）触控笔　　c）工作手套　　d）绝缘垫

图 5-4-16 工具及防护用品介绍

在本任务中，教学车是手势识别系统的载体；测试装调台架的作用是调试手势识别系统；联机通信线连接车辆和测试装调台架，用于两者之间的数据通信。

三、作业前的检查

1. 安全与防护

1) 规范着装入场（着装整洁、不戴首饰、挽起长发等）。
2) 放置安全警示牌，正确设置安全围挡。
3) 检查并穿戴工作手套和安全帽。

2. 工具的检查

1) 外观结构应完整，表面不应有破损、变形、裂痕、生锈等问题。
2) 触控笔使用功能应正常。

3. 线束外观的检查

线束包括智能座舱测试装调台架电源线、联机通信线。

1) 外观结构应完整，表面不应有破损、变形、裂痕等问题。
2) 连接针脚应无损坏、变形或生锈。

4. 台架的检查

1) 检查台架万向轮是否已锁止，确保万向轮处于锁止状态。
2) 检查台架上的设备（鼠标和键盘）是否齐全。

5. 车辆的检查

1) 绕车一周，检查两个阻车器是否放置在后轮的前后位置。
2) 安装座椅、地板、方向盘、变速杆四件套。
3) 踩住制动踏板，车辆 READY 上电，仪表 READY 灯点亮，且档位处于 P 位。
4) 检查驻车制动指示灯是否已点亮，确保驻车制动处于制动状态。
5) 检查车辆电量是否充足，确保电量充足。
6) 关闭车辆。

四、手势识别系统的线路连接

1. 接线口的检查

1) 检查联机通信线（与教学车连接端）接线口是否正常（针脚无损坏、变形或锈蚀），如图 5-4-17 所示。
2) 检查联机通信线（与智能座舱测试装调台架连接端）接线口是否正常（针脚无损坏、变形或锈蚀），如图 5-4-18 所示。

项目五 视觉交互系统

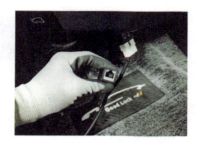

图5-4-17 检查接线口（与教学车连接端）

图5-4-18 检查接线口（与智能座舱测试装调台架连接端）

2. 联机通信线的连接

正确连接教学车与台架的联机通信线，如图5-4-19所示。

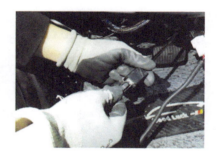

图5-4-19 联机通信线的连接

五、手势识别系统的编程

1. 启动车辆

车辆READY上电，仪表READY灯点亮，且档位处于P位，如图5-4-20所示。

2. 启动台架和计算机

连接台架电源，并打开台架电源开关，启动台架计算机。

3. 打开手势识别代码文件

在"桌面/E300/task2"文件夹中，右键单击handDemo.py手势识别代码文件，如图5-4-21所示。用Visual Studio Code软件打开，进入代码编写界面。

图5-4-20 启动车辆

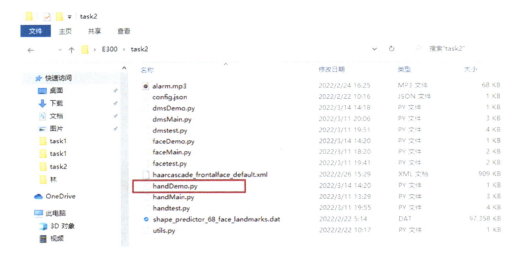

图5-4-21 打开handDemo.py手势识别代码文件

4. 代码编写

1）编写代码，调节对应参数，用于确定手势识别的感兴趣区域。其中frame_height为图像的高，frame_weight为图像的宽。（a，b）对应的是该区域左上角顶点相对于中心点的坐标，（c，d）对应的是该区域右下角顶点相对于中心点的坐标，如图5-4-22所示。

```
15    def roi(frame):
16        # 读取视频图像的高和宽
17        frame_height = frame.shape[0]
18        frame_width = frame.shape[1]
19
20        return [b,d,a,c]
```

图5-4-22 确定手势识别的感兴趣区域

2）编写代码，实现"大拇指""1""2""3""4""5""6"分别对应"OK""fist""小拇指""I love you""gun"的手势识别功能，如图 5-4-23 所示。

```
# 检测手势（通过L2范数判断）
def detect_hands_gesture(result):
    if (result[0] == 1) and (result[1] == 0) and (result[2] == 0) and (result[3] == 0) and (result[4] == 0):
        gesture = "thumbUp"

    return gesture
```

图 5-4-23　实现手势识别功能

3）完成代码编写后，按 <Ctrl + S> 键保存，然后关闭文件。

5. 在台架上进行手势识别功能调试

1）打开 Anaconda Prompt 软件。

2）输入以下命令并按 <Enter> 键，进入手势识别专用虚拟环境，如图 5-4-24 所示。

```
Anaconda Prompt (anaconda3)
(base) C:\Users\Dell>conda activate mediapipe
```

图 5-4-24　进入手势识别专用虚拟环境

3）输入以下命令并按 <Enter> 键，进入手势识别项目文件夹，如图 5-4-25 所示。

```
Anaconda Prompt (anaconda3)
(base) C:\Users\Dell>conda activate mediapipe
(mediapipe) C:\Users\Dell>cd C:\Users\Dell\Desktop\E300\task2
```

图 5-4-25　进入文件夹

4）输入以下命令并按 <Enter> 键，用于运行 handMain.py 主程序。运行程序后会弹出摄像头录制的实时画面，如图 5-4-26 所示。

```
Anaconda Prompt (anaconda3)
(base) C:\Users\Dell>conda activate mediapipe
(mediapipe) C:\Users\Dell>cd C:\Users\Dell\Desktop\E300\task2
(mediapipe) C:\Users\Dell\Desktop\E300\task2>python handMain.py
```

图 5-4-26　运行手势识别主程序

5）将手放在感兴趣区域范围内，根据要求做出相应手势，在软件窗口上会捕捉到手势及关节，并显示手势含义，说明在台架上手势识别功能调试成功。调试时需摘下工作手套，调试完成后须再戴上工作手套。调试效果如图5-4-27所示。

6）调试完成后，按<q>键（注意需要切换为英文输入法）关闭Anaconda Prompt软件。

六、手势识别系统的固件烧入

1. 打开智能座舱系统测试软件

在智能座舱系统测试软件界面上，单击"设置"图标 ⚙ ，单击SSH进入程序迁移界面，如图5-4-28所示。

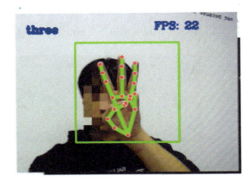

图5-4-27 手势识别效果

图5-4-28 单击"设置"图标

2. 设置并连接网络

IP输入"192.168.1.102"，Name输入"e300"，Password输入小写"root"，单击"连接"按钮，连接台架和车辆，如图5-4-29所示。

图5-4-29 设置并连接网络

3. 发送文件

单击"选择文件",选择摄像头的内参参数文件 config.json、手势识别系统的代码文件 handDemo.py(以上文件的路径都是:桌面/E300/task2,可以同时选择全部文件),再单击"发送任务二文件",发送成功后,在窗口显示"传送成功",如图 5-4-30 所示。

图 5-4-30　发送文件

七、手势识别系统的测试

1. 手势识别系统的测试

1)在车辆中控屏左下角单击"小车"图标 ![icon]，再单击"系统设置",如图 5-4-31 所示。

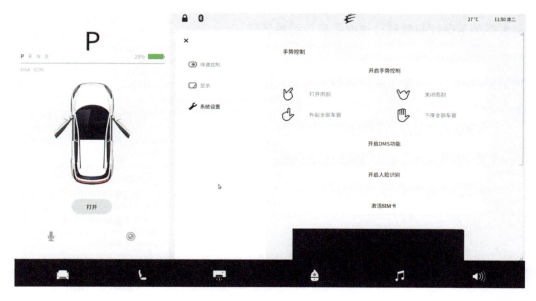

图 5-4-31　中控屏界面

2）手势控制的测试。

①在车辆中控屏上单击"开启手势控制"。

②摘下工作手套，在摄像头检测区域内做规定手势，开启刮水器，然后再做规定手势，关闭刮水器，如图5-4-32所示。

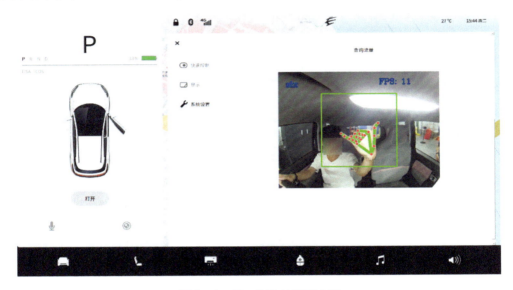

图5-4-32 手势控制刮水器

③用同样的方法测试车窗的手势控制，测试完成后须再戴上工作手套（注意车窗控制时要完全打开和关闭）。

④单击"关闭手势控制"。

刮水器和车窗控制顺利，说明手势控制测试成功。

2. 还原车辆和台架

测试完成后，在台架上一键还原车辆和台架，如图5-4-33所示。

图5-4-33 还原车辆和台架

八、整理清洁

1. 关闭台架

1）关闭测试软件。
2）关闭智能座舱测试装调台架上的计算机。
3）关闭智能座舱测试装调台架电源开关并拔出电源线。

2. 关闭车辆

关闭车辆,拔出车辆钥匙并放置在工作台上。

3. 拆卸联机通信线

拆卸连接车辆和台架的联机通信线。

4. 现场6S

1）清洁整理线束。
2）清洁工具。
3）清洁整理工作台。
4）回收座椅、地板、方向盘、变速杆四件套。
5）清洁整理车辆和台架。

5. 回收安全与防护装备

1）脱下并整理安全帽和工作手套。
2）回收安全警示牌。
3）离场并恢复围挡。

学习任务五
DMS 的功能测试

任务描述

《中华人民共和国道路交通安全法》第 22 条规定:"过度疲劳影响安全驾驶的,不得驾驶机动车。"据调查,约 55% 的驾驶员曾有过疲劳驾驶经历。既然疲劳驾驶引发事故概率如此之高,为什么仍屡禁不止呢?根源还在于导致疲劳驾驶的多元成因,让人防不胜防,并非保证充足的睡眠就可以避免。但随着科技的进步,驾驶员监控系统(DMS)可以有效改善这样的交通顽疾,各国政府开始出台政策大力推动 DMS。

本任务介绍如何进行 DMS 的开发及 DMS 开发完成之后如何进行测试。

学习目标

知识目标
1)能够用自己的语言解释说明 DMS 的工作原理。
2)能够掌握 DMS 开发的编程步骤及方法。
3)能够掌握 DMS 开发的测试步骤及方法。

技能目标
1)能够正确列举出 DMS 的基本功能。
2)能够正确完成 DMS 开发与调试。

素养目标
1)严格执行企业 6S 管理制度。
2)强化学生工程伦理教育,培养学生精益求精的大国工匠精神。

知识准备

一、驾驶员监控系统(DMS)概述

1. 驾驶员监控系统的定义

驾驶员监控系统(Driver Monitor System,DMS)是指驾驶员在行车过程中,用来全天候

监测驾驶员的疲劳状态、危险驾驶行为的信息技术系统，为车内人机交互的一大应用领域。DMS 在发现驾驶员出现疲劳、打哈欠、眯眼睛及其他不良驾驶状态后，会对此类行为进行及时的分析，并进行语音灯光提示，起到警示驾驶员，纠正错误驾驶行为的作用。

2. DMS 的工作原理

基于人脸识别的 DMS 采用的是视觉传感器的图像处理和分析技术，通过摄像头实时监控和测量驾驶员脸部特征变化、头部活动及身体上半部分的反应和动作，根据预先设计好的检测标准，通过人工智能算法评判出驾驶员的疲劳程度和不良驾驶行为。当达到某一预设报警标准时，系统会迅速做出分析判断，及时发出相应报警提示，如图 5-5-1 所示。

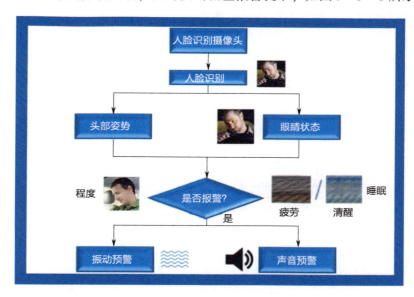

图 5-5-1 DMS 的工作原理

二、DMS 的技术方案

1. DMS 的分类

（1）DMS 主要分为主动和被动两种

1）被动式 DMS：基于方向盘转向和行驶轨迹特征来判断驾驶员状态。

2）主动式 DMS：基于摄像头和近红外技术，从眼睑闭合、眨眼、凝视方向、打哈欠和头部运动等，检测驾驶员状态。

（2）DMS 的三种技术方案

1）通过监测车辆信息间接监测驾驶员状态（被动式 DMS）。

2）基于生物传感器获取驾驶员生理指标进行直接监测（主动式 DMS）。

3）基于视觉传感器获取驾驶员行为信息进行直接监测（主动式 DMS）。

2. 通过监测车辆信息间接监测驾驶员状态

通过测量方向盘上的抓握力或直接利用 LDWS 的行车数据，获取车辆偏离车道的时间和偏离程度，进而分析推算驾驶员的疲劳程度或者是否分心，如图5-5-2所示。该方案部署成本低，但是其并不直接监控驾驶员，而是通过驾驶数据间接推测驾驶员状态，难以准确评估驾驶员的疲劳与分心状态，容易导致误报。

3. 基于生物传感器的驾驶员监测方案

这一概念仍处于早期阶段，是基于生物传感器监控驾驶员生理指标的技术方案。利用部署在方向盘或安全带上的电容传感器等设备对生理指标数据进行分析，进而推断驾驶员当前状态。

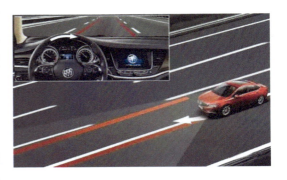

图5-5-2 通过监测车辆信息间接监测驾驶员状态

基于驾驶员生理反应特征的检测方法一般采用非接触式检测途径，利用实时图像处理技术，跟踪和分析眼睑状态和眼睛注视位置。其特点如图5-5-3所示。

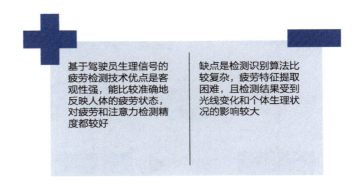

图5-5-3 基于生理反应特征的驾驶员监测方案特点

4. 基于视觉传感器获取驾驶员行为信息进行直接监测

人在疲劳的时候会有比较典型的面部表情或动作特征，如较长的眨眼持续时间、较慢的眼睑运动、点头、打哈欠等。

基于摄像头的驾驶员监测方案正是利用这一点，首先挖掘出人在疲劳状态下的表情特征，然后提取出面部特征点及特征指标作为判断依据，再结合实验数据总结出一套识别方案，最后输入获取到的驾驶员数据进行识别和判断。

三、基于 Dlib 框架实现驾驶员疲劳检测

1. 透视变换

透视变换（Perspective Transformation）是指将图片投影到一个新的视平面（Viewing Plane），也称作投影映射（Projective Mapping）。

一般来说，通用的图像变换公式如下：

$$[x', y', w'] = [u, v, w] \begin{bmatrix} a_{11} & a_{12} & a_{13} \\ a_{21} & a_{22} & a_{23} \\ a_{31} & a_{32} & a_{33} \end{bmatrix}$$

$$x = x'/w', y = y'/w'$$

式中，u、v 为原始图像坐标；x、y 为经过透视变换的图片坐标，其中变换矩阵为 3×3 形式。进而可以得到：

$$x = \frac{x'}{w'} = \frac{a_{11}u + a_{21}v + a_{31}}{a_{13}u + a_{23}v + a_{33}}$$

$$y = \frac{y'}{w'} = \frac{a_{12}u + a_{22}v + a_{32}}{a_{13}u + a_{23}v + a_{33}}$$

2. 计算嘴巴开合度

通过查询 Dlib 的脸部特征关键点定义，可以发现嘴巴对应的特征点为 49~67 号点。在实训项目中，已经转换为一个名为 mouth 的列表，用来存储这些关键点的坐标。例如，mouth [0] 存储的是 49 号点的坐标，mouth [10] 存储的是 59 号点的坐标，如图 5-5-4 所示。

图 5-5-4　基于 Dlib 的脸部特征关键点

已知特征点的坐标之后，就可以计算嘴巴的最大横向距离和最大纵向距离，然后将嘴巴纵向距离和横向距离的比值设定为开合度。

3. 设置 DMS 相关参数

最终需要根据实际业务场景设定 DMS 相关参数。

mar_thresh 为嘴巴开合纵横比阈值，大于该值表示嘴巴张开。调整过大可能很难判断为打哈欠，调整过小会造成误识别。

四、DMS 的功能

1. 人脸识别（驾驶员身份认证）

基于图像的生物特征识别技术，预先采集驾驶员人脸特征（可多个驾驶员），对驾驶员进行身份识别和有效管控。在非指定驾驶员驾驶车辆的情况下进行报警提示，做到人车协同管理。

2. 左顾右盼分神提醒

针对驾驶员低头看手机、侧头拿某件物体、与他人谈笑等情况，进行有效监控和干预提醒。

3. 打哈欠报警

当驾驶员在行车过程中连续打哈欠时发出报警信息。

4. 疲劳驾驶报警

通过实时监测分析驾驶员脸部表情、眼部变化来判断驾驶员的疲劳驾驶状态，如闭眼睛、低头打瞌睡等，及时发出相关报警信息，提醒驾驶员注意休息。

5. 打电话警示

当驾驶员在行车过程中手持电话与他人通话时发出报警信息。

6. 抽烟提醒

当驾驶员在行车过程中吸烟时发出报警信息。

7. 遮挡/离岗警报

当不明物体遮挡摄像头、驾驶员面部被遮挡或严重偏离时，触发报警信息。

五、DMS 面临的挑战

DMS 以车载摄像头拍摄的视频流作为输入，因此面临图像质量多变的挑战。汽车行驶工况复杂，即便摄像头在车内，成像质量也会受外界光线干扰。

DMS 运行于车载计算平台，因此面临算力不足的挑战。车载计算平台升级换代较慢，在这样的平台上运行诸如人脸检测、关键点检测、人脸识别、视线追踪、手势识别等算法，要求资源占用率非常低，对算法有很大考验。

DMS 在数据采集与标注方面面临很大考验。计算机视觉算法（如基于深度学习的算法）对图像质量有较高要求，同一算法在不同摄像头下性能差异可能会很大。车载摄像头成像质量与公开数据集图像质量差异较大。为保证算法效果，需要用车载摄像头采集真实行车场景下的数据，这会极大增加数据采集难度与成本。

DMS 算法面临驾驶员状态多变的考验。汽车驾驶员有不同性别、年龄、种族，可能会穿戴帽子、口罩、眼镜（包括墨镜），驾驶过程中头部会出现各种姿态，可谓"状态多变"。这些复杂状况同样会对算法构成很大考验。

如何提高检测的准确率，减少误报，也是 DMS 面临的一大挑战。如果误报次数太多，对用户造成干扰，就会在用户体验上得不偿失。这方面很大程度上要依赖机器学习过程中大量高质量的数据样本，以及训练算法的优化。

最后，在小型化和成本方面也必须给予重视。因为汽车座舱空间有限，DMS 的设计应确保不占用过多空间且不影响座舱的使用。

六、国内外 DMS 厂商

1. 国外 DMS 厂商

（1）博世　2019 年推出车内监控系统，2022 年量产。摄像头安装在方向盘内侧（驾驶员识别）、后视镜上、下方，以此实现驾驶员监控、账户管理、多模块交互、后排儿童看护。

（2）电装　2014 年推出 DMS 产品，同年量产。摄像头安装在中控台、仪表台上方、A 柱上，主要功能是疲劳监测、分心监测、驾驶坐姿监测。

（3）现代摩比斯　2019 年推出 DMS，2021 年量产。摄像头安装在仪表台上方，主要功能是驾驶员识别、疲劳监测、分心监测。

（4）法雷奥　2017 年推出 DMS，2019 年量产。摄像头安装在方向盘柱上方、仪表盘、中控屏或车顶上，主要功能是走神检测、打瞌睡识别、人脸识别、情绪和性别识别。

（5）伟世通　2018 年推出 DMS 产品。摄像头安装在方向盘柱上方，用于驾驶员识别、疲劳监测、分心监测。

2. 国内 DMS 厂商

（1）商汤科技　2019 年推出 Sense Auto Cabin 智能座舱解决方案，摄像头安装在中控台上方中央、方向盘柱上方，主要功能是驾驶员身份识别、手势识别、疲劳检测、注视区域识别、危险行为分析、儿童识别、物体识别、宠物检测。

（2）中科创达　2020 年 8 月推出座舱视觉 DMS，主要功能有人脸识别、驾驶员状态监测（疲劳、分神、不良行为）、乘员/物品监测（物体/儿童/宠物/行为）、生物监测、人车交互（Kanzi AI）助手。

（3）经纬恒润　2017 年 8 月推出 DMS，主要功能是驾驶员监测、身份识别、注意力监测。

（4）地平线　2019 年推出 DMS，集成在 Horizon Halo® 解决方案。摄像头安装在 A 柱、后视镜上，主要功能是身份识别、疲劳分级监测、儿童识别、行为识别、注意力监测、性别、年龄识别。

（5）百度　2017 年推出疲劳驾驶监测系统，摄像头安装在后视镜后上方，功能有人脸识别、疲劳监测、分心监测、姿态识别。

项目实施

一、DMS 的开发流程

DMS 的开发流程,如图 5-5-5 所示。

图 5-5-5　DMS 的开发流程

二、工具设备介绍

设备包括智能网联教学车、智能座舱测试装调台架、摄像头、联机通信线,如图 5-5-6 所示;工具包括安全帽、触控笔、绝缘垫和工作手套等,如图 5-5-7 所示。

a)教学车　　b)智能座舱测试装调台架　　c)摄像头　　d)联机通信线

图 5-5-6　设备介绍

a)安全帽　　b)触控笔　　c)工作手套　　d)绝缘垫

图 5-5-7　工具及防护用品介绍

在本任务中,教学车是 DMS 的载体;测试装调台架的作用是调试 DMS;联机通信线连接车辆和测试装调台架,用于两者之间的数据通信。

三、作业前的检查

1. 安全与防护

1)规范着装入场(着装整洁、不戴首饰、挽起长发等)。
2)放置安全警示牌,正确设置安全围挡。
3)检查并穿戴工作手套和安全帽。

2. 工具的检查

1）外观结构应完整，表面不应有破损、变形、裂痕、生锈等问题。
2）触控笔使用功能应正常。

3. 线束外观的检查

线束包括智能座舱测试装调台架电源线、联机通信线。
1）外观结构应完整，表面不应有破损、变形、裂痕等问题。
2）连接针脚应无损坏、变形或生锈。

4. 台架的检查

1）检查台架万向轮是否已锁止，确保万向轮处于锁止状态。
2）检查台架上的设备（鼠标和键盘）是否齐全。

5. 车辆的检查

1）绕车一周，检查两个阻车器是否放置在后轮的前后位置。
2）安装座椅、地板、方向盘、变速杆四件套。
3）踩住制动踏板，车辆 READY 上电，仪表 READY 灯点亮，且档位处于 P 位。
4）检查驻车制动指示灯是否已点亮，确保驻车制动处于制动状态。
5）检查车辆电量是否充足，确保电量充足。
6）关闭车辆。

四、DMS 的线路连接

1. 接线口的检查

1）检查联机通信线（与教学车连接端）接线口是否正常（针脚无损坏、变形或锈蚀），如图 5-5-8 所示。

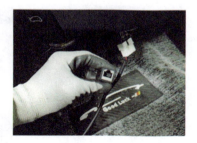

图 5-5-8　检查接线口（与教学车连接端）

2）检查联机通信线（与智能座舱测试装调台架连接端）接线口是否正常（针脚无损坏、变形或锈蚀），如图 5-5-9 所示。

图 5-5-9　检查接线口（与智能座舱测试装调台架连接端）

2. 联机通信线的连接

正确连接教学车与台架的联机通信线，如图 5-5-10 所示。

图 5-5-10　联机通信线的连接

五、DMS 的编程

1. 启动车辆

车辆 READY 上电，仪表 READY 灯点亮，且档位处于 P 位，如图 5-5-11 所示。

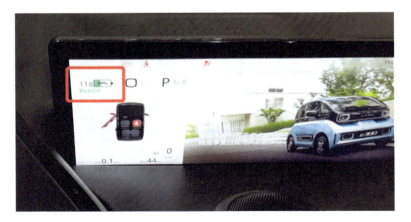

图 5-5-11　启动车辆

2. 启动台架和计算机

连接台架电源并打开台架电源开关，启动台架计算机。

3. 打开 DMS 代码文件

在"桌面/E300/task2"文件夹中，右键单击 dmsDemo.py DMS 代码文件，如图 5-5-12 所示，用 Visual Studio Code 软件打开，进入代码编写界面。

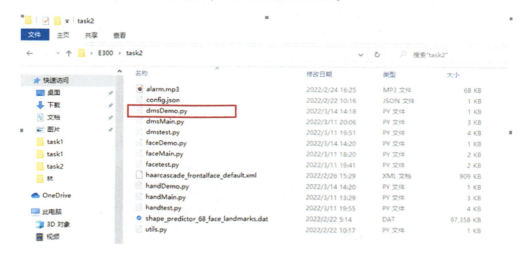

图 5-5-12 打开 dmsDemo.py DMS 代码文件

4. 代码编写

1）编写代码，找出嘴巴长宽比对应的特征点，如图 5-5-13 所示。

2）编写代码，调整嘴巴长宽比参数，用于 DMS 的激活阈值，如图 5-5-14 所示。

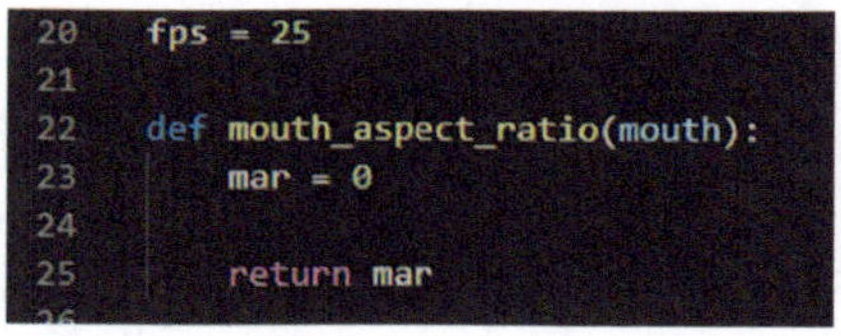

图 5-5-13 找出嘴巴长宽比对应的特征点

图 5-5-14 调整嘴巴长宽比参数

3）完成代码编写后，按 <Ctrl + S> 键保存，然后关闭文件。

5. 在台架上进行 DMS 功能调试

1）打开 Anaconda Prompt 软件。

2）输入以下命令并按 <Enter> 键，进入 DMS 专用虚拟环境，如图 5-5-15 所示。

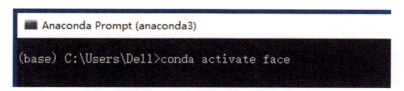

图 5-5-15 进入 DMS 专用虚拟环境

3）输入以下命令并按<Enter>键，进入 DMS 项目文件夹，如图 5-5-16 所示。

图 5-5-16　进入文件夹

4）输入以下命令并按<Enter>键，用于运行 dmsMain.py 程序。运行系统后会弹出摄像头录制的实时画面，如图 5-5-17 所示。

图 5-5-17　运行 DMS 主程序

5）对着摄像头连续打两次哈欠后，屏幕出现 sleeping 提示，系统会发出疲劳驾驶报警音效，说明在台架上 DMS 功能调试成功，如图 5-5-18 所示。

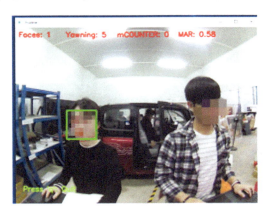

图 5-5-18　DMS 效果

6）调试完成后，按<q>键（注意需要切换为英文输入法）关闭 Anaconda Prompt 软件。

六、DMS 的固件烧入

1. 打开智能座舱系统测试软件

在智能座舱系统测试软件界面上，单击"设置"图标 ，单击 SSH 进入程序迁移界面，如图 5-5-19 所示。

项目五　视觉交互系统

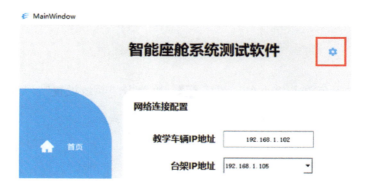

图 5-5-19　单击"设置"图标

2. 设置并连接网络

IP 输入"192.168.1.102",Name 输入"e300",Password 输入小写"root",单击"连接"按钮,连接台架和车辆,如图 5-5-20 所示。

图 5-5-20　设置并连接网络

3. 发送文件

单击"选择文件",选择人脸识别系统的代码文件 config.json、DMS 的代码文件 dmsDemo.py(以上文件的路径都是:桌面/E300/task2,可以同时选择全部文件),再单击"发送任务二文件"。发送成功后,在窗口显示"传送成功",如图 5-5-21 所示。

图 5-5-21　发送文件

七、DMS 的测试

1. DMS 设置

在车辆中控屏左下角单击"小车"图标 ▭，再单击"系统设置",如图 5-5-22 所示。

图 5-5-22　中控屏界面

2. DMS 功能测试

1）在车辆中控屏界面上单击"开启 DMS 功能"。

2）在摄像头检测区域内，连续打哈欠两次后，屏幕出现 Sleeping 提示，系统发出疲劳驾驶报警音效，说明 DMS 功能测试成功，如图 5-5-23 所示。

3）测试完成后，关闭 DMS 功能。

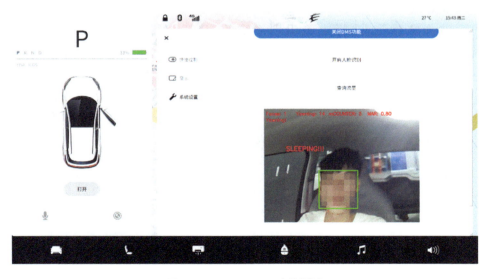

图 5-5-23　DMS 功能测试

3. 还原车辆和台架

测试完成后，在台架上一键还原车辆和台架，如图 5-5-24 所示。

图 5-5-24　还原车辆和台架

八、整理清洁

1. 关闭台架

1）关闭测试软件。

2）关闭智能座舱测试装调台架上的计算机。

3）关闭智能座舱测试装调台架电源开关并拔出电源线。

2. 关闭车辆

关闭车辆，拔出车辆钥匙并放置在工作台上。

3. 拆卸联机通信线

拆卸连接车辆和台架的联机通信线。

4. 现场 6S

1）清洁整理线束。

2）清洁工具。

3）清洁整理工作台。

4）回收座椅、地板、方向盘、变速杆四件套。

5）清洁整理车辆和台架。

5. 回收安全与防护装备

1）脱下并整理安全帽和工作手套。

2）回收安全警示牌。

3）离场并恢复围挡。

复习题

一、判断题

1. 在智能座舱中,屏幕是展示内容和传递信息的重要载体。 （ ）
2. 在座舱中实现多屏互动,各个屏幕之间实现信息的互联互通,而且还可以做到互不干涉。 （ ）
3. 汽车中控屏越来越大,物理按键都变为触控功能。 （ ）
4. 目前,车舱内的屏幕很多,每一个屏幕都有自己的任务和分工。 （ ）
5. 一机多屏技术可以让驾驶员、前排乘客以及后排乘客使用单独的屏幕而不会互相干扰。 （ ）
6. 一机多屏技术能够根据用户的不同需求,在多屏间实现交互自由。 （ ）
7. 一机多屏技术能让用户获取更直接、更全面的信息。 （ ）
8. 目前,座舱中的屏幕仅有竖屏、一字屏和曲面屏。 （ ）
9. 多屏跨终端无缝连接提供了更多的交互可能性,能给座舱内不同位置用户提供好的交互体验。 （ ）
10. 未来的最佳交互方案必定是多模式交互。 （ ）
11. 视觉传感器在智能网联汽车上的应用多以摄像头的形式出现。 （ ）
12. 鱼眼镜头是超广角镜头中的一种特殊镜头。 （ ）
13. 视觉传感器捕捉目标物体图像的能力只取决于镜头。 （ ）
14. 视觉传感器可获取物体颜色、距离、纹理、深度、形状等。 （ ）
15. 根据安装位置,侧视摄像头可分为侧前视和侧后视。 （ ）
16. 人脸识别是基于人的脸部特征信息进行身份识别的一种生物识别技术。 （ ）
17. 人脸检测在实际中主要用于人脸识别的预处理,在图像中只能标定出人脸的位置。 （ ）
18. 人脸识别过程中,用户不需要和设备直接接触就能获取人脸图像。 （ ）
19. 人脸识别技术带来的信息安全和被滥用问题突出,所以应该禁用人脸识别技术。 （ ）
20. 系统获取的原始图像由于受到各种条件的限制和随机干扰,往往不能直接使用。 （ ）
21. 手势识别可以来自人身体各部位的运动,但一般是指脸部和手的运动。 （ ）
22. 基于立体视觉的手势分割需要建立大量的手势库。 （ ）
23. 动态手势识别不需要进行图像的获取、手的监测和分割手势的分析。 （ ）
24. 静态手势识别最终可转化为动态手势识别。 （ ）
25. 在每次使用手势识别功能时,都需要打开摄像头,容易受到光线的影响。 （ ）

26. DMS 是指驾驶员在行车过程中，用来全天候监测驾驶员的疲劳状态、危险驾驶行为的信息技术系统。   （   ）
27. 基于驾驶员生理反应特征的检测方法一般采用强制接触式检测途径。   （   ）
28. 基于监测车辆信息的方案主要是直接监控驾驶员动态，可以准确评估驾驶员的疲劳与分心状态。   （   ）
29. 目前最为常用的 DMS 方案是基于视觉传感器获取驾驶员行为信息进行直接监测。
                                                                    （   ）
30. 驾驶员状态多变，不同性别、年龄、种族等会影响 DMS 的检测精度。   （   ）

二、不定项选择题

1. 下列关于一机多屏技术叙述，正确的是（   ）。
   A. 在智能座舱中，屏幕是展示内容和传递信息的重要载体
   B. 在智能座舱中，音响是展示内容和传递信息的重要载体
   C. 在智能座舱中，可以实现多屏联动
   D. 在智能座舱中，不能实现多屏联动
2. 目前，车舱内的屏幕很多，其中包括（   ）。
   A. 液晶仪表屏   B. 车辆控制屏   C. 流媒体后视镜   D. 后排娱乐屏
3. 液晶仪表屏 + 中控屏 + 功能控制屏 + HUD 偏向驾驶员一侧，方便驾驶员实时观看（   ）信息。
   A. 车辆状态   B. 倒车影像   C. 导航信息   D. 以上都不对
4. 下列车型中搭载一机多屏技术的有（   ）。
   A. 宝马 740   B. 奥迪 A8   C. 小鹏 P7   D. 特斯拉 Model X
5. 为了满足用户对车载交互体验的新需求，车载中控屏正向（   ）发展。
   A. 高清化   B. 大屏化   C. 智能化   D. 网联化
6. 域控制器英文缩写是（   ）。
   A. CPU   B. PCU   C. DCU   D. GPU
7. 目前一机多屏技术使用的是（   ）芯片。
   A. SOC   B. SOA   C. MCU   D. MCV
8. 一机多屏技术的特点有（   ）。
   A. 信息获得更直接   B. 屏幕形式多样化
   C. 多屏跨终端无缝连接   D. 以上都不对
9. 下列屏幕功能，能提高行车安全性的是（   ）。
   A. 电子后视镜   B. 后排娱乐屏   C. 透明 A 柱   D. 抬头显示器
10. 目前座舱应用了（   ）交互技术。
    A. 语音交互   B. 手势交互   C. 触控交互   D. 以上都不对

11. 下列（　　）属于视觉传感器的组成部分。
    A. 镜头　　　　B. PCB　　　　C. 图像传感器　　D. 图像处理器
12. （　　）摄像头可以实现泊车辅助功能。
    A. 前视　　　　B. 侧视　　　　C. 后视　　　　D. 环视
13. 用于实现交通标志识别功能的摄像头有（　　）。
    A. 前视摄像头　B. 侧视摄像头　C. 后视摄像头　　D. 环视摄像头
14. 视觉传感器具有（　　）特点。
    A. 信息量极为丰富　　　　　B. 获取范围广
    C. 制作工艺简单　　　　　　D. 应用广泛
15. 人脸识别技术具体实施的技术流程主要包含（　　）。
    A. 人脸图像采集及检测　　　B. 人脸图像预处理
    C. 人脸图像特征提取　　　　D. 匹配与识别
16. 以下哪个不是人脸识别系统的缺点。（　　）
    A. 人脸的相似性　　　　　　B. 非强制性
    C. 光照问题　　　　　　　　D. 表情姿态问题
17. 人脸识别系统可使用的特征通常分为（　　）。
    A. 视觉特征　　　　　　　　B. 人脸图像代数特征
    C. 像素统计特征　　　　　　D. 人脸图像变换系数特征
18. 以下哪个不是人脸识别系统的优点。（　　）
    A. 非接触性　　　　　　　　B. 非强制性
    C. 并发性　　　　　　　　　D. 表情姿态问题
19. 手势识别的核心技术分为（　　）。
    A. 手势分析　　　　　　　　B. 手势预处理
    C. 手势分割　　　　　　　　D. 手势识别
20. 目前最常用的手势分割法主要包括（　　）。
    A. 基于单目视觉的手势分割　　B. 基于质心手指等多特征结合法
    C. 基于边缘轮廓提取法的手势分割　D. 基于立体视觉的手势分割
21. 常见的手势分析的主要方法有（　　）。
    A. 边缘轮廓提取法　　　　　B. 立体视觉提取法
    C. 质心手指等多特征结合法　D. 指关节式跟踪法
22. 以下哪个是手势识别系统的优点。（　　）
    A. 非接触性　　　　　　　　B. 技术性低
    C. 可操作性高　　　　　　　D. 安全性高
23. 以下哪个是手势识别系统的缺点。（　　）
    A. 功耗较高　　　　　　　　B. 易受光线影响
    C. 准确率低　　　　　　　　D. 手势的多义性

24. DMS 有（　　）几种技术方案。
    A．通过监测车辆信息　　　　　B．基于生物传感器
    C．基于视觉传感器　　　　　　D．基于超声波雷达

25. 常见的 DMS 功能有（　　）。
    A．驾驶员身份认证　　　　　　B．疲劳驾驶报警
    C．分神提醒　　　　　　　　　D．抽烟提醒

26. 以下哪个不是 DMS 系统面临的挑战。（　　）
    A．部署成本低　　　　　　　　B．算力不足
    C．图像质量多变　　　　　　　D．驾驶员状态多变

27. 疲劳驾驶预警通过实时监测分析驾驶员（　　）判断驾驶员疲劳驾驶状态。
    A．手势变化　　　　　　　　　B．姿势变化
    C．脸部表情　　　　　　　　　D．眼部变化

28. 基于摄像头的驾驶员监测方案主要以（　　）作为疲劳状态指标。
    A．眼睛眨动次数　　　　　　　B．疲劳状态特征指标
    C．面部特征点　　　　　　　　D．手势变化

三、问答题

1. 简述一机多屏技术。
   答：

2. 一机多屏技术发展的驱动因素是什么？
   答：

3. 一机多屏技术有哪些特点？
   答：

4. 一机多屏技术的应用有哪几种模式？
   答：

5. 简述一机多屏技术的发展趋势。
   答：

6. 简述视觉传感器的工作流程。
   答：

7. 视觉传感器广泛应用于 ADAS 中，它可以实现哪些功能？
   答：

8. 简述人脸识别的定义。
   答：

9. 简述人脸识别技术具体实施的技术流程。
   答：

10. 简述手势识别的工作原理。
    答：

11. 简述手势识别的定义。
    答：

12. 简述 DMS 的定义。
    答：

13. 简述 DMS 的工作原理。
    答：

项目六
智能座椅系统

- 学习任务一　智能座椅系统的拆装与调试
- 学习任务二　智能座椅系统的功能测试

学习任务一
智能座椅系统的拆装与调试

任务描述

在未来，全自动驾驶技术将改变传统的驾驶模式，人们将从枯燥的驾驶操作中解脱出来，使得汽车座舱成为人们驾驶、休息、娱乐、工作的地方。这也引发了人们对未来汽车智能座舱能实现什么功能、空间区域该怎样划分、需要什么技术支持的思考。本任务介绍教学车智能座椅系统主要包括哪些部件及智能座椅系统如何进行调试。

学习目标

知识目标

1）能够用自己的语言解释说明智能座椅系统的工作原理。
2）能够用自己的语言叙述智能座椅系统的工作流程。
3）能够正确完成智能座椅系统调试的线路连接。
4）能够掌握智能座椅系统的调试步骤及方法。

技能目标

1）能够正确列举出智能座椅的功能。
2）能够用自己的语言列举出智能座椅行业的需求与挑战。

素养目标

1）严格执行企业装配标准流程。
2）严格执行企业 6S 管理制度。
3）引导学生传承中华文脉，富有中国心、饱含中国情、充满中国味。

知识准备

一、智能座椅的定义

自动驾驶领域日渐成熟，将催生一些全新应用场景，如休闲、娱乐、社交和健康等。传统的座椅控制系统无法满足人们新的需求，更安全、更舒适、智能化及健康化体验将成为未来智能座椅的发展方向。

在智能座舱的乘坐区域（即座椅区域）中，基于新型电子电气架构和嵌入式传感器的研发及人机交互技术的变革，可以通过一个系统的解决方案动态观测乘员的状态，并且由控制器来控制和协调该区域中的各类功能。智能座椅是指在座椅中嵌入具有某种功能的智能设备，同时兼顾传统座椅舒适度的融合技术。

二、智能座椅的功能

1. 多向电动调节功能

多向电动调节配合座椅记忆功能和辨识车主的自动调节功能，能给人以更舒适的驾乘体验，如图6-1-1所示。

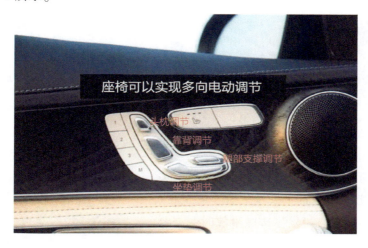

图6-1-1 多向电动调节功能

智能座椅调节方向包括整椅水平、整椅高度、坐垫角度、靠背角度、肩部调节、腰托调节、腿托角度、整椅旋转、坐垫侧翼/靠背侧翼等。

智能座椅调节的目的：

1）驾驶状态下能够更舒适地踩到制动踏板和加速踏板。

2）休息状态下符合人体工程学，提高舒适性。

3）紧急状态下能够提前预警并且从平躺模式归位。

智能座椅可以更灵活地移动，不仅可以前后，还可以左右，甚至配置360°旋转功能，座舱随时可变成面对面会晤聊天的空间，如图6-1-2所示。

2. 零重力功能

零重力可以理解为零压力。当零重力的时候，

图6-1-2 座椅旋转功能

人体的全身质量都分散到座椅上，模拟太空无重力状态，使人体腿部和躯干呈127°，心脏和膝盖在同一水平线上，人体处于一种完全放松状态，感觉就像在太空中飘来飘去，是人体最舒服放松的一个状态。

零重力要达到的目的是，根据人体的曲线特性，让座椅的形面与之匹配，从而实现充分贴合，让压力均匀释放。零重力座椅与普通座椅最大的区别就是在座椅发泡的表面（与人体直接接触区域）贴有一层15～25mm的超软海绵，该海绵具有衰减高、硬度低、耐久性能好等特点。零重力座椅正因为有了这层超软海绵，坐在座椅上的乘员身体能够完全放松，为乘员提供了一种身处外太空失重时的舒适感，如图6-1-3所示。

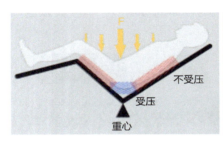 

图6-1-3　零重力座椅

3. 安全保护功能

汽车智能座椅在整车的安全性方面扮演着至关重要的角色。智能座椅配置了安全气囊、安全带、头枕、主动安全系统等，当发生碰撞事故时，需要智能座椅与安全带、气囊很好地配合，才能对驾乘者起到有效的保护作用，如图6-1-4所示。

（1）座椅、安全带和气囊通常是一个系统　由于座椅是重要的安全部件，因此设计师在设计时往

图6-1-4　安全保护功能

往将座椅、安全带和气囊作为一个系统综合考虑，该系统称作乘员约束系统。听上去虽然简单，但实际上有很多试验要做，否则不能通过国家的法规及碰撞测试要求。

（2）防止在碰撞中身体受到的压力过大　当出现来自后方的冲击时，人体会给座椅靠背一个向后的作用力，作用力的分布呈倒T字形，此时最大的压力点在腰椎附近。因此，座椅工程师对靠背内部的弹簧形式和分布做了改进，从而减轻在碰撞中座椅对身体的压力。

（3）追尾时控制驾驶员的前移　很多车型的坐垫会有一定的角度，在满足舒适性的同时，在追尾时也可以限制车内乘客和驾驶员不至于过度前移。目前有一种装置可以在发生追尾时将膝部的坐垫再度顶起，从而对下肢起到更强的限制滑动的作用。

（4）头枕主要是为了防止追尾时乘员受伤　交通事故方面的调查发现，有30%的事故来自追尾，而在追尾事故中，90%的人都会颈部受伤。这种伤害虽然不至于致死，可一旦颈部受伤，就需要比较长期的治疗，并可能引发一系列的并发症。而头枕的设计，就是为了防止

颈部在追尾时受到伤害。

4. 按摩功能

智能座椅按摩功能是在智能座椅内加入气动装置，气压由气泵提供。智能座椅靠背内分别有四个或多个气压腔，实现对腰椎部的保护。同时，该气压腔由一个装在靠背内的计算机控制的电子振荡器控制，电子振荡器可以根据事先编写的程序改变气压腔内的压力，使智能座椅椅面随之运动，达到为驾乘人员按摩的目的，如图6-1-5所示。

图6-1-5 按摩功能

智能座椅振动预警和防侧倾功能也可使用这套执行机构。当车辆监测到出现紧急危险状况时，通过振动座椅的方式将振动感知直接传递给驾驶员，起到振动预警的作用。防侧倾功能的作用是，当汽车转弯的时候，座椅可以从腰部给一个力抵消身体左右的晃动。

5. 座椅加热功能

智能座椅内布满了加热丝，通过对加热丝通电来进行加热，使座椅在短时间内逐渐升温；而通过在加热垫内设置温度传感器，则可以监控座椅温度的变化，从而控制加热丝的通断电，保持座椅加热的温度处于合适的范围，改善冬天时座椅因车辆长时间停放后过凉带来的乘坐不舒适感，如图6-1-6所示。

有些车型的座椅，在出厂时装备有加热设备，但需要付费后，通过软硬件解耦的OTA升级后才能使用。

6. 座椅通风功能

乘客坐在座椅上时，身体与椅面紧密接触，接触部分空气不流通，不利于汗液的排出，会使人体感到

图6-1-6 座椅加热功能

不舒服。利用风扇向座椅内注入空气，空气从椅面上的小孔中流出，实现通风功能，可有效改善人体与椅面接触部分的空气流通环境，即使长时间乘坐，身体和座椅的接触面也会干爽舒适。

座椅通风目前有吸风式及吹风式两种，这两种送风形式的差别在于气流形式的不同：吹风时产生的是紊流，属于主动散热，风压大但容易受到阻力损失，乘客可以明显感受到座椅吹风，类似于夏天吹电风扇；吸风时产生的是层流，属于被动散热，风压小但气流稳定，散热功能较好，相对于吹风形式乘客不易感知到通风功能，类似于笔记本计算机的散热风扇，如图 6-1-7 所示。

a）吸风式　　　　　　　b）吹风式

图 6-1-7　座椅通风功能

7. 人与座椅的人机交互功能

乘员可通过控制屏、语音或手机，自动控制座椅的调节、加热、通风等功能，同时交互界面可以显示当前座椅的功能状态，实现人与座椅的多层交互，如图 6-1-8 所示。

8. 驾驶监控功能

座椅上配置的先进的传感技术可以评估驾驶员的心理和身体状况，当监测到驾驶员困倦时，预测性地刺激驾驶员以减少事故，或在注意力下降时发出警告信号，提高车辆行驶安全，如图 6-1-9 所示。

图 6-1-8　人机交互功能　　　　　图 6-1-9　驾驶监控功能

监测项目包括：

1）驾驶员疲劳监测。依据驾驶员疲劳识别，可与智能驾驶等级和功能开启状态关联，设置不同报警级别。

2）驾驶员异常动作监测。如抽烟、打电话、喝水……

3）驾驶员注意力监测，如视野范围监测。

4）驾驶员身份识别。依据识别结果可与云端或本地进行对比，识别成功后可依据驾驶员身份进行座椅调节、后视镜调节……

5）眼球追踪。

9. 生命体征监测功能

在座椅的内部嵌入非接触式传感器，借助传感器收集、分析驾乘人员的生理数据和环境数据，例如，心率、呼吸频率、温度湿度、眼睛闭合频率、头部倾斜角度、面部表情等。系统对监测到的晕车、压力、不适、困倦及驾驶准确度等情况可做出快速反应，提供相应的解决方案，包括调整座椅姿势、

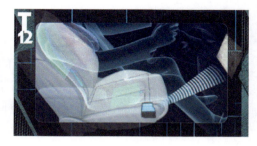

图6-1-10　生命体征监测功能

提供不同的按摩模式、增强空气流通、调整周围灯光与音效环境，让疲倦的乘客精神焕发，或帮助处于紧张状态的驾驶员放松下来，如图6-1-10所示。若监测到驾乘人员身体有异样，还可通过云端向110或医生发送相关信号。

10. 减振功能

车辆行驶在颠簸的路面上，不可避免地会有振动传递到乘员身上。人体各器官的固有频率为3~17Hz，头部的固有频率为8~12Hz，腹部内脏的固有频率为4~6Hz。如果车辆行驶时的振动频率与人体的固有频率相近，就容易和人体器官产生共振，长时间的共振对人体有很大的伤害性，严重时能够导致人的死亡。为提高乘员舒适性、减少乘员因共振而产生的伤害，各汽车厂家为此开发出了减振座椅。

智能座椅的设计必须符合人体功能学已经是不争的事实，未来座椅需能够随使用者的脊柱而移动，减少道路起伏带来的振动，保证使用者身体平稳，提高驾乘体验感，如图6-1-11所示。

减振座椅的核心部件是减振器，又称座椅悬架，主要担负着座椅的减振、高度调节、阻尼比调节等功能，因此它的设计难度大、技术要求高，制造成本也较高。

11. AI智能功能

车内搭载AI智能管家，让用户无需动手，只需动动口就能操控智能座椅的各种功能，让乘坐更加安全舒心。甚至每个座椅可以搭载独立的AI，且AI发出的声音不会被第三者听见。头枕附近内嵌有减噪的传声器，驾乘人员可以通过主动的语音交互和触控系统控制座椅的相关功能，如图6-1-12所示。

图6-1-11 减振功能

图6-1-12 独立AI智能功能

12. 其他特殊功能

（1）亲子功能　在原前排乘客的位置设置婴儿座椅，并可360°旋转，同时增加独立的婴儿用品空间，为育婴家庭打造一个温馨的移动空间，如图6-1-13所示。

（2）性别差异功能　男性和女性对于空间的需求是不同的，未来智能座椅配合性别，将增添更多功能，例如，为女性增添鞋空间、化妆空间等；为男性增添手表空间、酒杯空间、商务空间等，如图6-1-14所示。

图6-1-13 亲子功能

图6-1-14 性别差异功能

三、智能座椅的结构

智能座椅在传统汽车座椅的基础上增加了各种智能系统部件，主要包括骨架、填充层、表皮和智能系统等，其中智能系统又包括传感器、执行器、人机交互和控制单元，如图6-1-15所示。

四、智能座椅行业的市场现状分析

1. 国家政策

国家产业政策大力鼓励与扶持将促进智能座椅行业的健康发展。

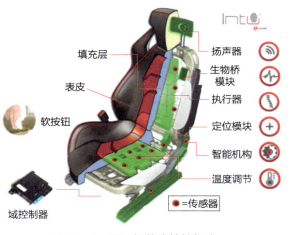

图6-1-15 智能座椅的组成

汽车工业是我国国民经济重要的支柱产业之一，汽车零部件是其重要的配套行业，因此行业发展一直受到国家产业政策的鼓励与扶持。

2. 产业链分析

目前，全球90%以上的市场份额被江森自控的安道拓（Adient）、李尔（Lear）、丰田纺织、佛吉亚（Faurecia）等前十大座椅生产商所占据，如图6-1-16所示。总体来看，汽车座椅行业的市场集中度相对较高。

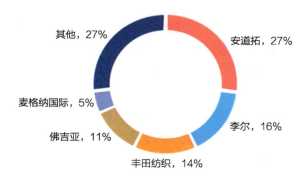

图6-1-16　全球汽车座椅行业格局

我国汽车座椅自主品牌主要定位于中低端市场，与国际厂家相比，市场竞争非常激烈。

在产品方面，自主品牌座椅行业起步晚，在汽车座椅领域的市场占有率不高，产品成熟度低，产品主要供应自主品牌汽车主机厂，高端座椅产品由合营企业供应。

尽管目前自主品牌技术处于低端水平，但是未来必然会朝着高端，尤其是高端智能化方向发展。

五、智能座椅行业市场的需求与挑战

1. 智能座椅的用户需求

1）可以交流的智能座椅和实用的交互界面。
2）量身定制的舒适性功能。
3）先进的安全性技术。
4）车辆价格降低。

智能座椅的功能设计，需要围绕用户的需求进行开发，并不是功能越多越好。在设计座椅的时候，需要考虑用户群体的差异性、座椅的性价比等因素，设计出不同的智能座椅。智能座椅将围绕着用户的不同需求，不断地向前发展。

2. 智能座椅行业面临的挑战

随着智能网联技术的发展，智能座椅开始逐渐出现，为汽车座椅制造商带来越来越多的商机。但智能座椅行业仍然面临一些重大挑战。

（1）功能的创新多用于高端豪华车和概念车，错过了96%以上的客户　功能越多、创新越多，必将导致新的产品价格居高不下。所以智能座椅目前主要还是应用在高端豪华车和概念车上，需要将智能座椅的价格大大降低，才能让大多数用户接受。

（2）过多的内嵌设备增加了座椅的质量和厚度　座椅本身就是占据座舱空间最大的零部件，座椅质量通常占汽车总质量的 6% 左右。如果因智能化的需求，再在座椅上增加过多的内嵌设备，必将大大增加座椅的质量和厚度。如何在增加部件的基础上，又能减小座椅的质量和厚度，对设计师来说是一个不小的挑战。

（3）座椅功能的多样性增加了电子电气架构设计的难度　在座椅的内部，除了基本的结构件以外，还布置有复杂的电动机甚至空调管路，设计师既要保证各部件的可靠性及耐用性，又要尽可能地控制其体积和质量，是个不小的挑战。在座椅的布置中，比较难以设计的就是按摩功能，因为模块会占用不小的空间，同时还要保证功能的耐久度和安全性，需要逐步调整。

（4）智能座椅的结构设计完全取决于座舱结构，限制了客户使用的灵活性　智能座椅布置在座舱中，但座舱的结构空间毕竟有限，想要在有限的空间内，实现座椅空间和功能的最大化，对设计师也是一个考验。

六、智能座椅的发展趋势

智能座椅的发展趋势，如图 6-1-17 所示。

1) 供应侧升级。
2) 设计趋向数字化和虚拟化。
3) 智能化生产。
4) 座椅轻量化。
5) 舒适度提升。
6) 人机交互系统升级。
7) 安全性提升。
8) 多场景化。

图 6-1-17　智能座椅的发展趋势

项目实施

一、智能座椅系统的组成部分及拆装与调试流程

1. 智能座椅系统的组成部分

教学车智能座椅系统主要包括智能座椅总成、车载计算平台等,如图 6-1-18 所示。

a)智能座椅总成　　　　b)车载计算平台

图 6-1-18　智能座椅系统组成部分

2. 智能座椅系统的拆装与调试流程

智能座椅系统的拆装与调试流程,如图 6-1-19 所示。

图 6-1-19　智能座椅系统的拆装与调试流程

二、工具设备介绍

设备包括智能网联教学车、智能座舱测试装调台架、智能座椅总成、联机通信线,如图 6-1-20 所示;工具包括常用工具、扭力扳手、固定螺栓、安全帽、绝缘垫和工作手套等,如图 6-1-21 所示。

在本任务中,教学车是智能座椅系统的载体;测试装调台架的作用是调试智能座椅系统;联机通信线连接车辆和测试装调台架,用于两者之间的数据通信。

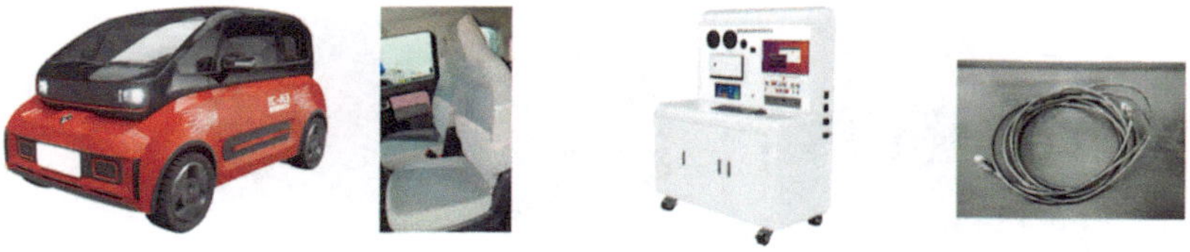

a)教学车　　b)智能座椅　c)智能座舱测试装调台架　d)联机通信线

图 6-1-20　设备介绍

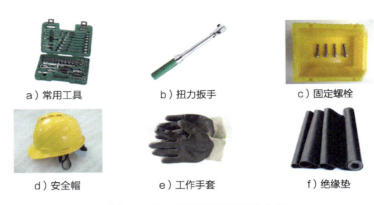

图6-1-21　工具及防护用品介绍

三、作业前的检查

1. 安全与防护

1）规范着装入场（着装整洁、不戴首饰、挽起长发等）。

2）放置安全警示牌，正确设置安全围挡。

3）检查并穿戴工作手套和安全帽。

2. 工具的检查

1）外观结构应完整，表面不应有破损、变形、裂痕、生锈等问题。

2）工具应齐全（包括工具套装、扭力扳手等），使用功能正常。

3）四颗座椅固定螺栓应齐全，螺栓上螺纹无滑丝或变形，螺栓的螺纹无损坏或变形。

3. 线束外观的检查

线束包括智能座舱测试装调台架电源线、联机通信线。

1）外观结构应完整，表面不应有破损、变形、裂痕等问题。

2）连接针脚应无损坏、变形或生锈。

4. 智能座椅外观的检查

1）线束外观应完整，无破损、划痕、烧焦，连接针脚无损坏、变形或生锈。

2）导轨和固定螺栓孔无变形、损坏、生锈等缺陷，如图6-1-22所示。

图6-1-22　智能座椅外观的检查

5. 台架的检查

1) 检查台架万向轮是否已锁止,确保万向轮处于锁止状态。
2) 检查台架上的设备是否齐全。

6. 车辆的检查

1) 绕车一周,检查两个阻车器是否放置在后轮的前后位置。
2) 安装座椅、地板、方向盘、变速杆四件套。
3) 踩住制动踏板,车辆 READY 上电,仪表 READY 灯点亮,且档位处于 P 位。
4) 检查驻车制动指示灯是否已点亮,确保驻车制动处于制动状态。
5) 检查车辆电量是否充足,确保电量充足。
6) 关闭车辆。

7. 智能座椅线束的检查

1) 在车辆上检查智能座椅线束,外观结构应完整,表面不应有破损、变形、裂痕等问题。
2) 线束插头针脚应无损坏、变形或生锈等缺陷,如图 6-1-23 所示。

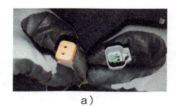 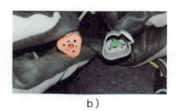

a) b)

图 6-1-23 智能座椅线束的检查

3) 智能座椅电源线接口定义如图 6-1-24 所示。

智能座椅电源线 接口定义说明	针脚	功能
	1	电源(VCC)
	2	接地(GND)

图 6-1-24 智能座椅电源线接口定义

4) 智能座椅信号线接口定义如图 6-1-25 所示。

智能座椅信号线 接口定义说明	针脚	功能
	A	接地(GND)
	B	接收信号(RX)
	C	发送信号(TX)

图 6-1-25 智能座椅信号线接口定义

四、智能座椅的装配

1. 联机通信线的连接

1）检查联机通信线（与教学车连接端）接线口是否正常（针脚无损坏、变形或锈蚀），如图 6-1-26 所示。

图 6-1-26　检查接线口（与教学车连接端）

2）检查联机通信线（与智能座舱测试装调台架连接端）接线口是否正常（针脚无损坏、变形或锈蚀），如图 6-1-27 所示。

图 6-1-27　检查接线口（与智能座舱测试装调台架连接端）

3）正确连接教学车与台架的联机通信线，如图 6-1-28 所示。

 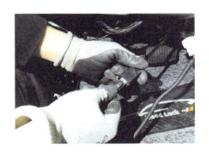

图 6-1-28　联机通信线的连接

2. 智能座椅的装配

1）将智能座椅搬入座舱，连接智能座椅线束。

2）车辆 READY 上电，仪表 READY 灯点亮，且档位处于 P 位。

3）调节座椅至最后位置，安装前面两颗紧固螺栓。

4）调节座椅至最前位置，安装后面两颗紧固螺栓。

5）使用扭力扳手按照标准力矩（20N·m）拧紧后面的两颗紧固螺栓。

6）调节座椅至最后位置，使用扭力扳手按照标准力矩（20N·m）拧紧前面的两颗紧固螺栓。

7）将座椅调节到初始位置（位置最后，靠背最上），如图6-1-29所示。

图6-1-29 智能座椅的装配

五、智能座椅的调试

1. 启动台架和计算机

连接台架电源线并打开台架电源开关，启动台架计算机。

2. 智能座椅系统的调试

1）在智能座舱系统测试软件界面上，单击"座椅"进入智能座椅系统的调试。

2）单击座椅位置"前进"按钮 < 至最前的位置，检查智能座椅是否正常向前移动。

3）单击座椅靠背"向下"按钮 ∨ 至最下的位置，检查智能座椅靠背是否正常向下移动。

4）单击座椅靠背"向上"按钮 ∧ 至最上的位置，检查智能座椅靠背是否正常向上移动。

5）单击座椅位置"后退"按钮 > 至最后的位置，检查智能座椅是否正常向后移动，如图6-1-30所示。

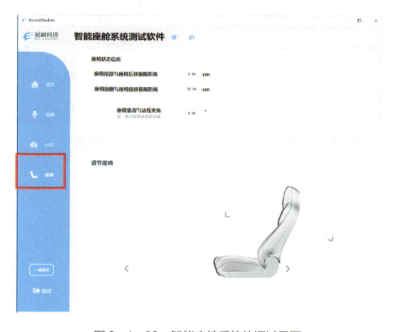

图6-1-30 智能座椅系统的调试界面

六、智能座椅的拆卸

1. 关闭台架

1）关闭测试软件。

2）关闭智能座舱测试装调台架上的计算机。

3）关闭智能座舱测试装调台架电源开关并拔出电源线。

2. 智能座椅系统的拆卸

1）调节座椅至最后位置，拧松前面两颗紧固螺栓。

2）调节座椅至最前位置，拧松并拆卸后面两颗紧固螺栓。

3）调节座椅至最后位置，拆卸前面两颗紧固螺栓。

3. 关闭车辆

关闭车辆，拔出车辆钥匙并放置在工作台上。

4. 拆卸联机通信线

拆卸连接车辆和台架的联机通信线。

5. 搬出智能座椅

拆卸智能座椅线束插头，并搬出智能座椅放置于工作台，如图6-1-31所示。

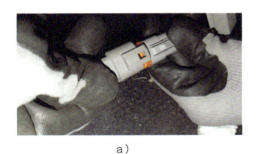 

a) b)

图6-1-31 拆卸智能座椅线束插头

七、整理清洁

1. 现场6S

1）清洁整理智能座椅。

2）清洁整理线束。

3）清洁工具、螺栓及螺栓盒。

4）清洁整理工作台。

5）回收座椅、地板、方向盘、变速杆四件套。

6）清洁整理车辆和台架。

2. 回收安全与防护装备

1）脱下并整理安全帽和工作手套。

2）回收安全警示牌。

3）离场并恢复围挡。

学习任务二
智能座椅系统的功能测试

任务描述

本任务介绍如何进行智能座椅系统的开发及智能座椅系统开发完成之后如何进行测试。

智能座椅系统的测试

学习目标

知识目标

1) 能够正确完成智能座椅系统的线路连接和功能测试。
2) 能够掌握智能座椅迎宾功能开发的方法与步骤。

技能目标

1) 能够正确完成智能座椅功能测试。
2) 能够正确完成智能座椅迎宾功能程序开发。

素养目标

引导学生深刻理解并自觉践行各行业的职业精神和职业规范，增强职业责任感。

项目实施

一、智能座椅系统的开发流程

智能座椅系统的开发流程，如图 6-2-1 所示。

图 6-2-1　智能座椅系统的开发流程

二、工具设备介绍

设备包括智能网联教学车、智能座舱测试装调台架、联机通信线，如图6-2-2所示；工具包括安全帽、触控笔、绝缘垫和工作手套等，如图6-2-3所示。

a）教学车　　　　b）智能座舱测试装调台架　　　c）联机通信线

图6-2-2　设备介绍

a）安全帽　　　　b）触控笔　　　　c）工作手套　　　　d）绝缘垫

图6-2-3　工具及防护用品介绍

在本任务中，教学车是智能座椅系统的载体；测试装调台架的作用是调试智能座椅系统；联机通信线连接车辆和测试装调台架，用于两者之间的数据通信。

三、作业前的检查

1. 安全与防护

1）规范着装入场（着装整洁、不戴首饰、挽起长发等）。
2）放置安全警示牌，正确设置安全围挡。
3）检查并穿戴工作手套和安全帽。

2. 工具的检查

1）外观结构应完整，表面不应有破损、变形、裂痕、生锈等问题。
2）触控笔使用功能应正常。

3. 线束外观的检查

线束包括智能座舱测试装调台架电源线、联机通信线。
1）外观结构应完整，表面不应有破损、变形、裂痕等问题。
2）连接针脚应无损坏、变形或生锈。

4. 台架的检查

1）检查台架万向轮是否已锁止，确保万向轮处于锁止状态。

2）检查台架上的设备是否齐全。

5. 车辆的检查

1）绕车一周，检查两个阻车器是否放置在后轮的前后位置。
2）安装座椅、地板、方向盘、变速杆四件套。
3）踩住制动踏板，车辆 READY 上电，仪表 READY 灯点亮，且档位处于 P 位。
4）检查驻车制动指示灯是否已点亮，确保驻车制动处于制动状态。
5）检查车辆电量是否充足，确保电量充足。
6）关闭车辆。

四、智能座椅系统的装配

1. 接线口的检查

1）检查联机通信线（与教学车连接端）接线口是否正常（针脚无损坏、变形或锈蚀），如图 6-2-4 所示。

图 6-2-4　检查接线口（与教学车连接端）

2）检查联机通信线（与智能座舱测试装调台架连接端）接线口是否正常（针脚无损坏、变形或锈蚀），如图 6-2-5 所示。

图 6-2-5　检查接线口（与智能座舱测试装调台架连接端）

2. 联机通信线的连接

正确连接教学车与台架的联机通信线，如图 6-2-6 所示。

项目六　智能座椅系统

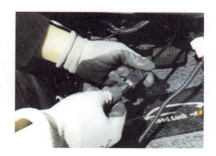

图6-2-6　联机通信线的连接

五、智能座椅系统的编程

1. 启动车辆

车辆READY上电，仪表READY灯点亮，且档位处于P位，如图6-2-7所示。

图6-2-7　启动车辆

2. 启动台架和计算机

连接台架电源线并打开台架电源开关，启动台架计算机。

3. 智能座椅设置记忆位置

1) 在车辆中控屏上单击"座椅"图标 ，进入智能座椅设置界面，如图6-2-8所示。

2) 将智能座椅位置调节到适合自己的位置，然后在中控屏上单击"记忆位置"，记忆当前座椅位置，并观察智能座舱系统测试软件界面上记忆位置的数据，如图6-2-9所示。

4. 打开人脸识别功能

在车辆中控屏上单击左下角的"小车"图标 ，单击"系统设置"，打开人脸识别功能，如图6-2-10所示。

193

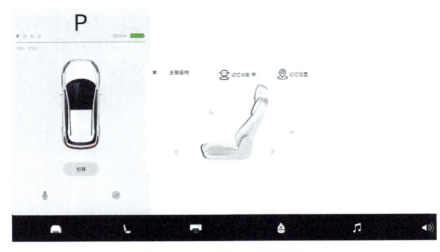

图6-2-8 智能座椅设置界面

图6-2-9 智能座椅记忆位置设置

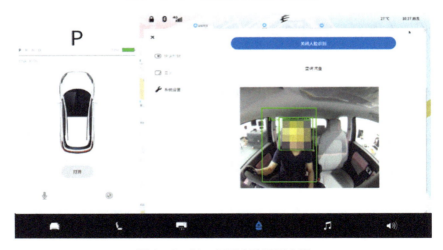

图6-2-10 打开人脸识别功能

5. 打开编程文件

下车关闭车门,在台架计算机"桌面/E300/task3"文件夹中,右键单击 student.py 文件,用 Visual Studio Code 软件打开,如图 6-2-11 所示。

图 6-2-11 打开编程文件

6. 智能座椅系统的代码编写

1)编写代码实现"打开车门,座椅调节到迎宾位置;关闭车门,座椅调节到中间位置"。

2)编写代码实现"从文件中读取座椅记忆位置信息"。

3)编写代码实现"人脸识别成功后,座椅调节到记忆位置"。代码编写如图 6-2-12 所示。

图 6-2-12 智能座椅系统的代码编写

7. 保存代码

编程完成后,保存并关闭文件(可使用快捷键 <Ctrl + S>)。

六、智能座椅系统的固件烧入

1. 打开智能座舱系统测试软件

在智能座舱系统测试软件界面上,单击"设置"图标 ,单击 SSH 进入程序迁移界面,如图 6-2-13 所示。

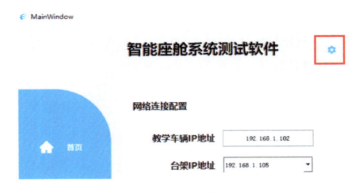

图6-2-13 单击"设置"图标

2. 设置并连接网络

IP 输入"192.168.1.102",Name 输入"e300",Password 输入小写"root",单击"连接"按钮,连接台架和车辆,如图6-2-14所示。

图6-2-14 设置并连接网络

3. 发送文件

单击"选择文件",选择人脸识别的代码文件 facedemo.py 和智能座椅系统的代码文件 student.py(以上文件的路径都是:桌面/E300/task3,可以同时选择全部文件),再单击"发送任务三文件",发送成功后,在窗口显示"传送成功",如图6-2-15所示。

图6-2-15 发送文件

七、智能座椅系统的测试

1. 智能座椅系统的测试步骤

1)在车外打开车门,座椅自动调节到最后的位置,靠背角度不变。
2)坐在座椅上结合人脸识别系统并关闭车门后,座椅自动调节到原来记忆的位置。
3)在车内打开车门,座椅自动调节到最后的位置,靠背角度不变。
4)下车并关闭车门后,座椅自动调节到中间位置,靠背角度不变。
5)在车辆中控屏上关闭人脸识别功能。

2. 还原车辆和台架

测试完成后,在台架上一键还原车辆,如图6-2-16所示。

图6-2-16 还原车辆

八、整理清洁

1. 关闭台架

1)关闭测试软件。
2)关闭智能座舱测试装调台架上的计算机。
3)关闭智能座舱测试装调台架电源开关并拔出电源线。

2. 关闭车辆

关闭车辆,拔出车辆钥匙并放置在工作台上。

3. 拆卸联机通信线

拆卸连接车辆和台架的联机通信线。

4. 现场6S

1)清洁整理线束。

2）清洁工具。
3）清洁整理工作台。
4）回收座椅、地板、方向盘、变速杆四件套。
5）清洁整理车辆和台架。

5. 回收安全与防护装备
1）脱下并整理安全帽和工作手套。
2）回收安全警示牌。
3）离场并恢复围挡。

复习题

一、判断题
1. 所有的汽车智能座椅，都具有旋转功能。（　　）
2. 零重力座椅能让乘员的身体完全放松，为乘员提供一种身处外太空失重时的舒适感。（　　）
3. 一张合格的智能座椅，不需要安全带、气囊的配合，也能对驾乘者起到有效的保护作用。（　　）
4. 智能座椅是集人机工程学、机械驱动和控制工程等为一体的系统工程产品。（　　）
5. 未来智能座椅不仅能为乘客提供舒适的体验，还能通过AI学习"读懂"乘客意图，无需任何主动操作就能实现自动调节控制。（　　）

二、不定项选择题
1. 智能座椅加热功能的热源是（　　）。
   A. 空调暖气　　　　　　　　B. 冷却水
   C. 高压电池热量　　　　　　D. 电热丝
2. 智能座椅通风的形式目前有（　　）。
   A. 吸风式　　　　　　　　　B. 强制通风
   C. 吹风式　　　　　　　　　D. 以上都对
3. 智能座椅的生命体征监测功能包括（　　）。
   A. 呼吸频率　　　　　　　　B. 心率
   C. 眼睛闭合频率　　　　　　D. 头部倾斜角度
4. 智能座椅在传统汽车座椅的基础上增加了各种智能系统部件，主要包括（　　）等。
   A. 骨架　　　　　　　　　　B. 填充层
   C. 表皮　　　　　　　　　　D. 智能系统

5. 通过传感器与座椅融合，座椅控制方式也将从传统的按键方式，发展为（   ）等。
   A. 手势控制　　　　　　　　　　B. APP 控制
   C. 精神控制　　　　　　　　　　D. 意图感知控制

三、简答题

1. 简述汽车智能座椅的功能。
   答：

2. 简述汽车智能座椅的结构。
   答：

参考文献

[1] 夏欢,郑李强,郑春平,等. 汽车智能座舱发展现状及未来趋势研究 [J]. 时代汽车,2023(4):149-151.

[2] 李函遥,王馨,郁淑聪. 智能座舱人机交互发展趋势 [J]. 时代汽车,2022(23):16-18.

[3] 闵志刚. 基于智能驾驶需求的汽车智能座舱设计发展现状及未来趋势探究 [J]. 时代汽车,2022(15):127-129.

[4] 吴蔚. 智能座舱"领跑"汽车智能化 [N]. 经济参考报,2022-07-29(5).

[5] 吉岩,晏江华,董玮,等. 智能座舱交互式功能测试技术研究 [J]. 中国汽车,2022(5):39-43,48.

[6] 刘尧,李亚楠. 智能座舱多模态交互技术发展现状及趋势 [J]. 汽车实用技术,2023,48(1):182-187.

[7] 吕钢. 智能座舱域控制器的软件架构设计与开发 [D]. 济南:山东大学,2022.

[8] 王保东. 智能座舱的前世今生和未来 [J]. 时代汽车,2022(7):167-168.

[9] 蒋彪,蒋炜,金鑫. 自然语言处理在智能座舱中的应用 [J]. 电子技术与软件工程,2020(22):119-122.

[10] 侯海云. 基于智能驾驶需求谈智能座舱升级策略 [J]. 时代汽车,2022(2):160-161.

[11] 王韬. 汽车智能座舱设计现状及发展趋势研究 [J]. 时代汽车,2021(23):158-159.

[12] 郭欣,李兵,梁本双. 汽车智能座舱热点分析及发展趋势展望 [J]. 汽车与驾驶维修(维修版),2021(11):50-53.

[13] 崔卫国. 智能座舱的下一个五年 [J]. 上海汽车,2021(2):13-16.

[14] 李文博. 面向汽车智能座舱的驾驶员情绪行为影响、识别与调节方法研究 [D]. 重庆:重庆大学,2021.

[15] 王飞. 汽车智能座舱中人脸活体检测与视线估计算法研究 [D]. 合肥:安徽大学,2021.

[16] 欧高焓. 车载增强现实抬头显示光学系统设计与研究 [D]. 重庆:中国科学院大学(中国科学院重庆绿色智能技术研究院),2019.

[17] 王东平. 车载抬头显示系统的研究 [D]. 南京:南京邮电大学,2015.

[18] 倪童,桑庆兵. 基于注意力机制与特征融合的课堂抬头率检测算法 [J]. 计算机工程,2022,48(4):262-268.

[19] 钱铠伦,谢凯,姜宏屏,等. 基于Python语言的课堂抬头率检测方法研究 [J]. 电子世界,2020(3):39-40.

[20] 田喆, 窦汝鹏, 赵猛, 等. 车载语音交互系统测试方法研究 [J]. 中国汽车, 2021 (7): 44-51.

[21] 刘旺, 杨殿阁, 连小珉. 车载导航人机语音交互系统的实现 [J]. 电子产品世界, 2007 (5): 127-130.

[22] 尚宸光. L3级自动驾驶汽车的AR-HUD视觉交互设计研究 [D]. 成都: 西南交通大学, 2021.

[23] 方一楠. 基于视觉的手势交互在车载平板操作中的应用与开发 [D]. 上海: 东华大学, 2016.

[24] 张桂伟. 车载平视显示器HUD视觉交互界面设计研究 [D]. 广州: 华南理工大学, 2015.

[25] 闫红梅. 欧美商用车智能座舱技术进展（上）[J]. 汽车与配件, 2023 (6): 51-55.

[26] 杜莎, 高驰. "智能座舱"的进阶逻辑 [J]. 汽车与配件, 2020 (15): 34.

[27] 边旭东, 张亦弛, 谢卉瑜. 浅谈智能座舱的"一芯多屏" [J]. 时代汽车, 2021 (6): 12-14.

[28] 陈云培. 浅析智能座舱抬头显示的发展 [J]. 汽车维护与修理, 2022 (11): 73-74.